essentials

Essentials liefern aktuelles Wissen in konzentrierter Form. Die Essenz dessen, worauf es als „State-of-the-Art" in der gegenwärtigen Fachdiskussion oder in der Praxis ankommt. Essentials informieren schnell, unkompliziert und verständlich.

- als Einführung in ein aktuelles Thema aus Ihrem Fachgebiet
- als Einstieg in ein für Sie noch unbekanntes Themenfeld
- als Einblick, um zum Thema mitreden zu können.

Die Bücher in elektronischer und gedruckter Form bringen das Expertenwissen von Springer-Fachautoren kompakt zur Darstellung. Sie sind besonders für die Nutzung als eBook auf Tablet-PCs, eBook-Readern und Smartphones geeignet.

Essentials: Wissensbausteine aus Wirtschaft und Gesellschaft, Medizin, Psychologie und Gesundheitsberufen, Technik und Naturwissenschaften. Von renommierten Autoren der Verlagsmarken Springer Gabler, Springer VS, Springer Medizin, Springer Spektrum, Springer Vieweg und Springer Psychologie.

Peggy Sommer

Klimaschutzrecht im betrieblichen Fokus

Klimaschutzbezogenes
Immissionsschutzrecht und
Umweltenergierecht aus
Unternehmenssicht

Peggy Sommer
Hochschule Zittau/Görlitz
Zittau
Deutschland

ISSN 2197-6708   ISSN 2197-6716 (electronic)
essentials
ISBN 978-3-658-07951-2   ISBN 978-3-658-07952-9 (eBook)
DOI 10.1007/978-3-658-07952-9

Die Deutsche Nationalbibliothek verzeichnet diese Publikation in der Deutschen Nationalbiblio-grafie; detaillierte bibliografische Daten sind im Internet über http://dnb.d-nb.de abrufbar.

Springer Gabler
© Springer Fachmedien Wiesbaden 2015
Das Werk einschließlich aller seiner Teile ist urheberrechtlich geschützt. Jede Verwertung, die nicht ausdrücklich vom Urheberrechtsgesetz zugelassen ist, bedarf der vorherigen Zustimmung des Verlags. Das gilt insbesondere für Vervielfältigungen, Bearbeitungen, Übersetzungen, Mikro-verfilmungen und die Einspeicherung und Verarbeitung in elektronischen Systemen.
Die Wiedergabe von Gebrauchsnamen, Handelsnamen, Warenbezeichnungen usw. in diesem Werk berechtigt auch ohne besondere Kennzeichnung nicht zu der Annahme, dass solche Namen im Sinne der Warenzeichen- und Markenschutz-Gesetzgebung als frei zu betrachten wären und daher von jedermann benutzt werden dürften.
Der Verlag, die Autoren und die Herausgeber gehen davon aus, dass die Angaben und Informatio-nen in diesem Werk zum Zeitpunkt der Veröffentlichung vollständig und korrekt sind. Weder der Verlag noch die Autoren oder die Herausgeber übernehmen, ausdrücklich oder implizit, Gewähr für den Inhalt des Werkes, etwaige Fehler oder Äußerungen.

Gedruckt auf säurefreiem und chlorfrei gebleichtem Papier

Springer Fachmedien Wiesbaden ist Teil der Fachverlagsgruppe Springer Science+Business Media (www.springer.com)

Was Sie in diesem Essential finden können

- Ziele und Schwerpunkte der aktuellen Klimapolitik
- Notwendigkeit, Abgrenzung und Zusammenspiel von Politik und Recht im Kontext des Klimaschutzes
- Unterteilung des Klimaschutzrechts nach Rechtsebenen und Rechtsteilgebieten
- Charakteristische Merkmale des Klimaschutzrechts
- Einschlägige Rechtsquellen und relevante Handlungspflichten für Unternehmen
- Rechtlicher Rahmen der wesentlichen Instrumente des Klimaschutzes wie Emissionshandel und Einsatz erneuerbarer Energien einschließlich der jeweiligen Betroffenheit von Unternehmen/Branchen
- Kennwerte zum staatlichen Klimaschutz-Engagement

Vorwort

Anthropogene Handlungen beeinflussen und verändern weltweit die Zusammensetzung und Vorgänge in der Erdatmosphäre mit regional sehr unterschiedlichen Auswirkungen. Der Klimawandel hat – überwiegend negative, aber zum Teil auch positive – Folgen für viele Unternehmen. Die Folgen für Unternehmen ergeben sich nicht nur in direkter Hinsicht, d. h. in Form natürlich-physikalischer Klimawandelphänomene (z. B. Schäden durch Extremwetterereignisse), sondern auch indirekt im Sinne marktlicher und regulatorischer Wirkungen (z. B. Verschlechterung des Angebots an den Beschaffungsmärkten) mit sehr unterschiedlicher Branchenbetroffenheit (IW (2013, S. 1)).

Der Klimaschutz bildet eine der größten Aufgaben der jetzigen Epoche. Der Klimaschutz steht für den dauerhaften Schutz der Atmosphäre und des Lebens auf der Erde. Er erfordert zwingend eine Begrenzung des Anstiegs der Erderwärmung und des Ausstoßes anthropogener Treibhausgase. Das lässt sich effektiv und langfristig nur gesteuert auf politischer Ebene und in international abgestimmter Form erreichen. Die heutigen Klimaschutzambitionen stellen ein bedeutendes und anspruchsvolles Thema der internationalen Politik dar. Gleichwohl liegt der Fokus der Umsetzung klimapolitischer Maßnahmen in der Regel auf regionaler bzw. lokaler Ebene. Eine unmittelbar verhaltenslenkende Wirkung zur Erreichung formulierter Klimaschutzziele der Politik geht vom Ordnungsrecht aus. Rechtsvorschriften geben den Handlungsrahmen bzw. Handlungspflichten für jene Akteure vor, die für den Ausstoß der Treibhausgase verantwortlich sind. Während die ersten Regelungen zum Klimaschutz ursprünglich in den klassischen Rechtsgebieten vor allem des Umweltrechts und des Energierechts verankert wurden, hat sich inzwischen das sog. Klimaschutzrecht als eigenständiges Rechtsteilgebiet herausgebildet.

Dass regulative Vorgaben eine positive Wirkung im Sinne des Erhalts bzw. der Wiederherstellung der natürlichen Umwelt entfalten, zeigt das Beispiel des Abbaus der Ozonschicht innerhalb der Stratosphäre. Das „Ozonloch" war eines der gravierendsten Umweltprobleme, das in den achtziger Jahren über der Antarktis erstmals entdeckt wurde. Als Hauptverursacher wurden FCKW identifiziert und deren Verwendung daraufhin schrittweise verboten. Die Wirtschaft hat darauf reagiert, in dem sie Ersatzmittel entwickelte und noch heute einsetzt. Aktuelle Messungen belegen inzwischen eindeutige Verbesserungen des Zustandes der Ozonschicht (BMBF (Hrsg.) 2012)). Das darf nicht davon ablenken bzw. muss vielmehr bestärkend wirken, dass andere Umweltprobleme, allen voran der Klimawandel, weiterhin unserer vollen Aufmerksamkeit bedürfen.

Der Artikel steht in engem Bezug zu dem Beitrag „Umwelt- und arbeitsschutzrechtlicher Rahmen für Unternehmen" von Prof. Bernd Delakowitz und Dr. Peggy Sommer im Herausgeberwerk „Integratives Umweltmanagement" von Prof. Matthias Kramer, erschienen 2010 im Gabler-Verlag. Er stellt einen auf die rechtlichen Anforderungen zum Klimaschutz konzentrierten und auf den aktuell geltenden Rechtsstand angepassten Beitrag dar. Diese Fokussierung – aus dem das gesamte Umweltrecht betrachtenden Buchbeitrag heraus – auf das Klimaschutzrecht habe ich aufgrund der zunehmenden politischen und betrieblichen Relevanz des Klimaschutzes gewählt. Der Artikel richtet sich dementsprechend nicht unmittelbar an Juristen, sondern vielmehr an mit Aufgaben des Umweltschutzes in Unternehmen betraute Mitarbeiter wie von Gesetzes wegen berufene Umweltbeauftragte oder Umweltmanager und an Studierende in Studiengängen bzw. Studienschwerpunkten mit Umweltbezug. Aber auch Vertreter anderer Disziplinen und interessierte Personen, die sich einen Überblick über das regulatorische Umfeld des Klimaschutzes verschaffen wollen, sollen sich angesprochen fühlen.

Um das Recht für Nicht-Juristen verständlich darzulegen, arbeitet der vorliegende Artikel einzelne Rechtsquellen und ihre Paragraphen nicht einfach fortlaufend ab, sondern extrahiert die wichtigsten Aussagen gezielt und systematisiert sie, wo es möglich ist. Durch Ausweisung der jeweils zutreffenden Rechtsgrundlage wird der Bezug zu den Rechtsquellen und damit bei Bedarf eine Nachlesbarkeit gewährleistet. Gleichwohl kann der vorliegende Artikel nur als Basislektüre dienen, um einen fundierten Einstieg in die komplexe Materie des Klimaschutzrechts zu geben. Ferner ist anzumerken, dass der Artikel nur eine *zeitpunktbezogene* Aufnahme der Rechtssituation leisten kann. Die vorliegenden Ausführungen befinden sich auf dem Stand der Rechtssetzung im Klimaschutz-, Immissionsschutz- und Umweltenergierecht vom Juni 2014. Der aktuelle Stand der thematisierten Rechtsvorschriften ist jederzeit problemlos über kostenfreie Internetseiten (wie www.gesetze-im-internet. de) oder kostenpflichtige Plattformen (wie www.umwelt-online.de) abrufbar.

Zittau, im August 2014   Peggy Sommer

Inhaltsverzeichnis

Abbildungsverzeichnis

Abkürzungsverzeichnis

Abs.	Absatz
Art.	Artikel
AusglMechV	Ausgleichsmechanismusverordnung
BAFA	Bundesamt für Wirtschaft und Ausfuhrkontrolle
BAGebV	Besondere-Ausgleichsregelung-Gebührenverordnung
BAT	best available technology (Beste verfügbare Technik)
BauGB	Baugesetzbuch
BImSchG	Bundesimmissionsschutzverordnung
BImSchV	Bundesimmissionsschutzgesetz
BiomasseV	Biomasseverordnung
BMU	Bundesministerium für Umwelt, Naturschutz und Reaktorsicherheit (bis 2013)
BMUB	Bundesministerium für Umwelt, Naturschutz, Bau und Reaktorsicherheit (seit 2013)
BMWi	Bundesministerium für Wirtschaft und Energie (bis 2013: Bundesministerium für Wirtschaft und Technologie)
bspw.	beispielsweise
bzw.	beziehungsweise
CCS	Carbon Dioxide Capture and Storage
CDM	Clean Development Mechanism
CO_2	Kohlendioxid
COP	Conference of the Parties
ct	Euro-Cent
d. h.	das heißt
DEHSt	Deutsche Emissionshandelsstelle
DEV	Datenerhebungsverordnung
DIN	Deutsches Institut für Normung
EDL-G	Gesetz über Energiedienstleistungen und andere Energieeffizienzleistungen

EEG	Erneuerbare-Energien-Gesetz
EEWärmeG	Erneuerbare-Energien-Wärmegesetz
EHVV	Emissionshandels-Versteigerungsverordnung
EMAS	Environmental Management and Audit Scheme
EN	Europäische Norm
EnEG	Energieeinsparungsgesetz
EnEV	Energieeinsparverordnung
EnVKG	Energieverbrauchskennzeichnungsgesetz
EnVKV	Energieverbrauchskennzeichnungsverordnung
EnWG	Energiewirtschaftsgesetz
EU/EG	Europäische Union
e. V.	eingetragener Verein
EVPG	Energieverbrauchsrelevante Produkte-Gesetz
EVU	Elektrizitätsversorgungsunternehmen
ff.	folgende
GG	Grundgesetz
GWh	Gigawattstunden
Hrsg.	Herausgeber
i. R.	im Rahmen
inkl.	inklusive
IPCC	Intergovernmental Panel on Climate Change (Weltklimarat)
ISO	International Standardization Organization
IW	Institut der deutschen Wirtschaft Köln
JI	Joint Implementation
KBA	Kraftfahrt-Bundesamt
KlimaSchG NW	Klimaschutzgesetz Nordrhein-Westfalen
km	Kilometer
KMU	kleine und mittelständische Unternehmen
KSpG	Kohlendioxid-Speicherungsgesetz
kW	Kilowatt
kWh	Kilowattstunden
KWK	Kraft-Wärme-Kopplung
KWKG	Kraft-Wärme-Kopplungs-Gesetz
max.	maximal
min.	minimal
Mio.	Millionen
MW	Megawatt
MWh	Megawattstunden
Mrd.	Milliarden

Nr.	Nummer
ROG	Raumordnungsgesetz
SMUL	Sächsisches Staatsministerium für Umwelt und Landwirtschaft
SMWA	Sächsisches Staatsministerium für Wirtschaft, Arbeit und Verkehr
sog.	so genannte/r
SZ	Sächsische Zeitung (Tageszeitung)
TEHG	Treibhausgas-Emissionshandelsgesetz
u. a.	unter anderem
UBA	Umweltbundesamt
UN	United Nations (Vereinte Nationen)
usw.	und so weiter
UVP	Umweltverträglichkeitsprüfung
UVPG	Umweltverträglichkeitsprüfungsgesetz
v. a.	vor allem
vgl.	vergleiche
WHO	World Health Organization (Weltgesundheitsorganisation)
z. B.	zum Beispiel
ZuG	Zuteilungsgesetz
ZuV	Zuteilungsverordnung

Einleitung 1

Neben dem Treibhausgas-Ausstoß aus der Verbrennung von fossilen Energieträgern zur Energiegewinnung und aus Industrieprozessen tragen auch bestimmte Einsatzstoffe wie flourierte Kältemittel sowie die Treibhausgas-Emissionen aus landwirtschaftlichen und aus abfallwirtschaftlichen Vorgängen weltweit zum Klimawandel bei. Über ordnungsrechtliche Vorgaben lässt sich das Emissionsvolumen an Treibhausgasen durch Verhaltenslenkung eindämmen. Ziel des vorliegenden Artikels ist es, einen Überblick über die wichtigsten Rechtsquellen und rechtlichen Handlungspflichten zum Klimaschutz für Unternehmen zu geben. Der Fokus liegt dabei auf der Betroffenheit von in Deutschland ansässigen Unternehmen. Die Betrachtungen konzentrieren sich auf den Ausstoß des bekanntesten und volumenstärksten Gases, dem Kohlendioxid aus dem Brennstoffeinsatz in den Nutzfeldern Strom, Wärme und Verkehr. Klimaschutzrechtliche Regelungen zur Eindämmung des Einsatzes flourierter Kälte- und Löschmittel sowie zur Reduktion der Treibhausgasemissionen aus landwirtschaftlichen und aus abfallwirtschaftlichen Maßnahmen werden in diesem Artikel nicht thematisiert.

Im nun folgenden 2. Kapitel werden zunächst Politik und Recht in den Bezug zum Klimaschutz gebracht und wichtige Begriffe definiert und abgegrenzt. In den nachfolgenden zwei Kapiteln werden speziell das klimaschutzbezogene Immissionsschutzrecht und anschließend das Umweltenergierecht in einer wiederkehrenden Systematik präsentiert: Zunächst wird ein einführender Überblick gegeben und nachfolgend ausgewählte Rechtsvorschriften und Handlungspflichten näher betrachtet. Das 5. Kapitel thematisiert den derzeitigen Stand der Zielerreichung im Kontext des Klimaschutzes anhand ausgewählter Kennwerte. Der Artikel endet mit einer Zusammenfassung.

© Springer Fachmedien Wiesbaden 2015
P. Sommer, *Klimaschutzrecht im betrieblichen Fokus*, essentials,
DOI 10.1007/978-3-658-07952-9_1

Normative Verankerung des Klimaschutzes in Politik und Recht

2

Das 2. Kapitel definiert und differenziert innerhalb der Politik und des Ordnungs-rechts wichtige Begrifflichkeiten im Kontext des Klimaschutzes und der Anpas-sung an den Klimawandel. Damit steckt dieses Kapitel den inhaltlichen Rahmen für die nachfolgenden Kapitel ab.

2.1 Klimapolitik als Handlungsrahmen für das Klimaschutzrecht

Die globale Erderwärmung als Folge des anthropogen bedingten Klimawandels ist heute wissenschaftlich bewiesen und anerkannt. Einen klaren Beleg hierfür lie-fern unter anderem die aktuellen Berichte des Weltklimarates (IPCC (2013), IPCC (2014a), IPCC (2014b)). Die politischen Akteure nehmen sich diesem gesamtge-sellschaftlichen Problem, das eines der größten globalen Herausforderungen des 21. Jahrhundert darstellt, mittels klima(schutz)politischer Absprachen, Verhand-lungen und Festlegungen – gleichwohl weltweit in sehr unterschiedlicher Intensi-tät – zunehmend an. **Klimapolitik** umfasst dabei all jene politischen Handlungen und Reaktionsmöglichkeiten, die zum einen auf die Vermeidung bzw. Abschwä-chung der globalen Erwärmung (sog. Klimaschutzpolitik) *und* zum anderen auf den adäquaten Umgang mit den Folgen des bereits begonnenen Klimawandels (Anpassung an den Klimawandel, sog. Klimawandelanpassungspolitik) abzielen (BMU (2009, S. 4); Fischer (2013, S. 12–13)). Der Hauptfokus der Klimapolitik liegt darauf, den Klimawandel zu verlangsamen bzw. zu stoppen. Um inakzeptable Folgen und Risiken des Klimawandels zu vermeiden, muss der Anstieg der globa-

© Springer Fachmedien Wiesbaden 2015
P. Sommer, *Klimaschutzrecht im betrieblichen Fokus*, essentials,
DOI 10.1007/978-3-658-07952-9_2

len Durchschnittstemperatur auf höchstens 2 °C gegenüber dem vorindustriellen Niveau begrenzt werden (IPCC (2014a)). Den Hauptansatzpunkt bildet die Reduzierung des Ausstoßes von Treibhausgasen, d. h. der gasförmigen Emissionen (Kohlendioxid (CO_2), Methan (CH_4), Distickstoffmonoxid (N_2O), halogenierte und teilhalogenierte Fluorkohlenwasserstoffe (FKW, H-FKW), Schwefelhexafluorid (SF_6), Stickstofftrifluorid (NF_3)), die direkt für den Klimawandel verantwortlich gemacht werden. In Deutschland ist CO_2 mit einem Anteil von etwa 87,5 % am gesamten Treibhausgas-Ausstoß (verrechnet in CO_2-Äquivalenten) der Hauptverursacher des Treibhauseffektes (UBA (2014b)). Der Hauptemittent von Treibhausgasen in Deutschland ist die konventionelle Energieerzeugung/-verbrauch (konkret vor allem die Energiewirtschaft und der Verkehrssektor, in denen fossile Energieträger zum Einsatz kommen) mit dem beachtlichen Anteil von 83,6 % (vgl. Abb. 2.1). Die deutsche Klimapolitik hat sich zum Ziel gesetzt, den Treibhausgas-Ausstoß bis zum Jahr 2020 um 40 % gegenüber 1990 zu reduzieren (BMWi/BMU (2011, S. 5)).

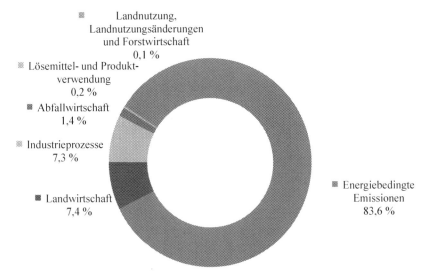

Abb. 2.1 Anteile der Quellkategorien an den Treibhausgasemissionen (berechnet in CO_2-Äquivalenten, Deutschland, 2012). (Quelle: Eigene Berechnung und Darstellung auf Basis der Daten des UBA (2014b))

Die Klimapolitik vereinnahmt im Schwerpunkt Teile der traditionellen Politikfelder Umweltpolitik und Energiepolitik, weist aber auch Schnittstellen zu weiteren bedeutenden Politikfeldern auf, wie z. B. zur Verkehrs-, Wirtschafts-, Landwirtschafts-, Finanzpolitik (vgl. Abb. 2.2). Die **Umweltpolitik** steht für die Gesamtheit

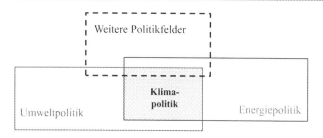

Abb. 2.2 Verortung der Klimapolitik im Politikspektrum. (Quelle: Eigene Darstellung)

der öffentlichen Maßnahmen, die eine Schonung der Ressourcen und die Beseitigung, Reduzierung oder Vermeidung von Umweltbelastungen zum Ziel hat (Jänicke et al. (2003, S. 14)). Sie entscheidet über die Prioritäten von Umweltnutzung und Umweltschutz. Die **Energiepolitik** ist eine sektorale Strukturpolitik mit Ursprung in der Wirtschaftspolitik. Im heutigen Verständnis beinhaltet sie alle hoheitlichen Tätigkeiten bzw. Maßnahmen, die verbindliche Regelungen zum Umfang des Energiebedarfs und zur Art und Weise der Erzeugung, der Umwandlung und des Umgangs mit Energie zum Gegenstand haben (Bundeszentrale für politische Bildung (2013)). Umweltpolitik und Energiepolitik sind jeweils auf internationaler, EU-, nationaler und kommunaler Ebene angesiedelt. Aufgrund des internationalen Energiehandels und insbesondere des zunehmenden Wettbewerbs um den Zugang zu fossilen Energieträgern ist die Energiepolitik auch sehr eng mit der Außen- und Sicherheitspolitik verknüpft. Die energiepolitischen Ziele in Deutschland und Europa umfassen die drei Dimensionen Energieversorgungssicherheit, Wettbewerb/Preiswürdigkeit und Umweltverträglichkeit (sog. Zieldreieck/-trias der Energiepolitik) (BMWi/BMU (2011, S. 3)). Die besondere Herausforderung der Energiepolitik besteht darin, im Einzelfall auftretende Spannungen zwischen den einzelnen Dimensionen dieses Zieldreiecks aufzulösen. Ein Spannungsfeld ist bspw., dass höhere Sicherheit und/oder bessere Umweltverträglichkeit in der Regel zu höheren Kosten und damit höheren Preisen führt/führen.

Analog zur Umwelt- und Energiepolitik ist auch die **Klimapolitik** auf allen Ebenen des Mehrebenensystems – von der globalen bis zur kommunalen Ebene – aufgestellt. Sie hat einen globalen Fokus und ist sehr stark international ausgerichtet, setzt dabei aber vor allem auf lokale und nationale Maßnahmen am Ort der Entstehung klimaschädlicher Emissionen, d. h. sie hat gemäß dem sog. Verursacherprinzip die Verursacher der Treibhausgasemissionen im Blick. So liegen verschiedene nationale und regionale Konzepte und Programme vor, die Energie- und Klimaschutzziele formulieren, bspw. auf nationaler Ebene das Integrierte

Energie- und Klimaprogramm 2007 und das Energiekonzept der Bundesregierung 2010 (BMWi/BMU (2011)), auf Bundesländer-Ebene landeseigene Konzepte wie beispielhaft für den Freistaat Sachsen das Energie- und Klimaprogramm Sachsen 2012 (SMWA/SMUL (2013)).

Die aktuellen Hauptansatzpunkte **(Handlungsfelder)** der bundesdeutschen Klimapolitik sind (BMUB (Hrsg.) (2014)):

- Emissionsreduktion durch Emissions(zertifikate)handel,
- Unterirdische Kohlendioxid-Verpressung,
- Verringerung der Kohlendioxid-Emissionen des Straßenverkehrs,
- Reduktion des Einsatzes fluorierter Treibhausgase,
- Emissionsreduktion in der Abfallwirtschaft und in der Landwirtschaft,
- Einsatz erneuerbarer Energieträger im Strom-, Wärme- und Verkehrsbereich,
- Steigerung der Energieeffizienz sowie Energieeinsparung im Strom-, Wärme- und Verkehrsbereich.

2.2   Klimaschutzrecht als Begriff

Zur Umsetzung der Klima(schutz)ziele in den verschiedenen Handlungsfeldern bedient sich die Politik insbesondere dem Instrumentarium des Ordnungsrechts. Das deutsche Klimaschutzrecht hat seinen Ursprung in völkerrechtlichen Verpflichtungen und Regelungen, denn Deutschland ist Vertragspartner der zwei wichtigsten völkerrechtlichen Abkommen zum Klimaschutz: der UN-Klimarahmenkonvention (1992) und des Kyoto-Protokolls (1997). Die Regelungen zum Klimaschutz sind in Deutschland dezentral in bestehenden Rechts(teil)gebieten verortet. Erst in jüngster Zeit hat sich das Klimaschutzrecht als eigenständiges Rechts(teil)gebiet herausgebildet (Rodi und Sina (2011, S. 19)). Das **Klimaschutzrecht** steht demnach für das ordnungsrechtliche Instrumentarium des Klimaschutzes und umfasst alle Rechtsvorschriften, die den Schutz des Klimas vor anthropogenen Einwirkungen zum Gegenstand haben (Rodi und Sina (2011, S. 19)).[1] Es besteht im Schwerpunkt aus einzelnen Regelungen des Immissionsschutzrechts und des Energierechts, im Weiteren auch des Chemikalien-, des Abfall-/Deponie- und des Agrarrechts (vgl. Abb. 2.3).

---

[1] Vom Klimaschutzrecht abzugrenzen ist das sog. Klimawandelanpassungsrecht als die normative Verankerung von Maßnahmen zur Anpassung an den Klimawandel. Das Klimawandelanpassungsrecht findet sich in Deutschland seit 2009 nur in wenigen formellen Vorschriften insbesondere des raumbezogenen Rechts (z. B. § 2 Abs. 2 Nr. 6 ROG, BauGB, KlimaSchG NW) (Fischer (2013, S. 18–19)). Das Klimawandelanpassungsrecht wird in diesem Artikel nicht näher thematisiert.

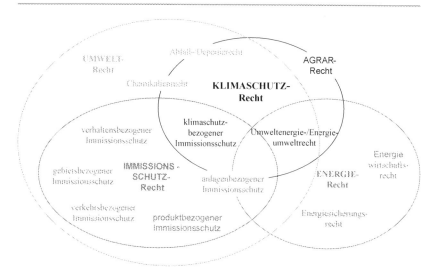

Abb. 2.3 Teilgebiete des Klimaschutzrechts. (Quelle: Eigene Darstellung)

„Vom **Immissionsschutzrecht** unterscheidet sich das Klimaschutzrecht im Wesentlichen dadurch, dass es sich ausschließlich mit den globalen Umweltbelastungen der Atmosphäre befasst, während das Immissionsschutzrecht der Bewältigung konkreter lokaler Umweltbelastungen zum Zwecke der Luftreinhaltung und Lärmbekämpfung dient" (Rodi und Sina (2011, S. 20)). Im Kontext des Klimaschutzes sind demnach innerhalb des Immissionsschutzrechts „nur" die Teilgebiete relevant, die die Treibhausgase-Emissionen als Betrachtungsgegenstand haben (klimaschutzbezogener Immissionsschutz). Das **Energierecht** umfasst die Gesamtheit rechtlicher Regelungen, die die Rechtsverhältnisse zwischen juristischen Personen untereinander und/oder zu Hoheitsträgern in Bezug auf die verschiedenen Energieträger regeln (Klees (2012, S. 1)). Innerhalb des Energierechts unterstützt speziell das Umweltenergierecht den Klimaschutz (Rodi und Sina (2011, S. 20–21)).[2] Die vielfältigen, auf den Schutz des Klimas bedachten Vorgaben für Bürger, Wirtschaft und Verwaltungen liefern mithin insbesondere die Rechtsvorschriften und untergesetzlichen Regelwerke des klimaschutzbezogenen Immissionsschutzrechts und des Umweltenergierechts.

Zusammenfassend ist festzuhalten, dass Klimaschutzpolitik und Klimaschutzrecht ihre Verortung in klassischen Fachgebieten haben, die im Fokus der

---

[2] Es ist anzumerken, dass das Umweltenergierecht nicht nur allein dem Klimaschutz, sondern zugleich der Ressourcenschonung dient, d. h. multifunktional wirkt (Kloepfer (2004, S. 1432 f.)).

Reduktion des Treibhausgasausstoßes kombiniert werden. Klimaschutzpolitik und Klimaschutzrecht stehen mithin für eine noch junge und moderne Entwicklung und Ausdifferenzierung innerhalb der Politik und des Rechts, die sich in den nächsten Jahren noch weiter ausdifferenzieren werden, solange es nicht gelingt, den anthropogenen Klimawandel zu bremsen. Den Schwerpunkten in der Unterteilung des Klimaschutzrechts in Abb. 2.3 folgend stehen im nachfolgenden 3. Kapitel das Immissionsschutzrecht und im 4. Kapitel das Umweltenergierecht im Mittelpunkt.

Klimaschutz via Immissionsschutzrecht

3

In den nachfolgenden Abschnitten wird das Immissionsschutzrecht zunächst innerhalb des Umweltrechts abgegrenzt und die für das Immissionsschutzrecht relevantesten Rechtsvorschriften und die wichtigsten darin niedergelegten Anforderungen aus Unternehmenssicht bezogen auf den Klimaschutz aufgezeigt. Den Schwerpunkt bilden die beiden klimaschutzbezogenen Instrumente Emissionshandel und unterirdische Kohlendioxid-Verpressung. Abschließend werden auch klimaschutzbezogene Regelungen im Verkehrssektor thematisiert.

3.1 Das Immissionsschutzrecht innerhalb des Umweltrechts

Das Immissionsschutzrecht stellt einen Kernbereich des Umwelt(schutz)rechts dar. Das Umweltrecht umfasst die Summe der Rechtssätze zum Schutz der Umwelt (Kotulla (2014, S. 38)).[1] Speziell der Immissionsschutz beinhaltet dabei die „Gesamtheit aller Bestrebungen, die Immissionen auf ein für Mensch und Umwelt langfristig verträgliches Maß zu begrenzen" (Freistaat Thüringen (Hrsg.) (2014)). Das **Immissionsschutzrecht** zielt demnach konkret auf die Bekämpfung von störenden Luftverunreinigungen, Geräuschen, Erschütterungen, Licht, Wärme, Strahlen und ähnlichen Umwelteinwirkungen (§ 3 Abs. 2 BImSchG). Die Belastung der Bevölkerung durch Luftverschmutzung bildet laut WHO mit etwa sieben Mio.

---

[1] Während Kotulla (2014) den Begriff des Umweltschutzrechts nutzt, wird in der Literatur häufiger auch vom Umweltrecht gesprochen. In diesem Skript wird durchweg der Begriff des Umweltrechts benutzt.

© Springer Fachmedien Wiesbaden 2015
P. Sommer, *Klimaschutzrecht im betrieblichen Fokus,* essentials,
DOI 10.1007/978-3-658-07952-9_3

9

Todesopfern pro Jahr inzwischen weltweit die Haupttodesursache.[2] Dies deutet den
hohen Bedarf eines geordneten Immissionsschutzes an. Die das Immissionsschutzrecht in den wesentlichen Zügen bestimmenden Rechtsvorschriften im Mehrebenensystem sind in Abb. 3.1 im Überblick dargestellt.

Umweltvölkerrecht:
- UN-Klimarahmenkonvention (Rio de Janeiro, 1992)
- Kyoto-Protokoll (Kyoto, 1997)

Europäisches Recht: u. a.
- Richtlinie über Industrieemissionen (2010/75/EU)
- Richtlinie zur Beherrschung der Gefahren schwerer Unfälle mit gefährlichen Stoffen (sog. Seveso-II-Richtlinie, 96/82/EG, zuletzt geändert durch Seveso-III-Richtlinie, 2012/18/EU)
- Richtlinie über die geologische Speicherung von Kohlendioxid (2009/31/EG)
- Richtlinie über ein System für den Handel mit Treibhausgasemissionen (2003/87/EG, 2009/29/EG)
- EU-Verordnung Nr. 443/2009 zur Festsetzung von Emissionsnormen für neue Personenkraftwagen

Bundesdeutsches Recht: u. a.
- Bundesimmissionsschutzgesetz (BImSchG)
- Treibhausgas-Emissionshandelsgesetz (TEHG)
- Kohlendioxid-Speicherungsgesetz (KSpG)
- Gesetz zum Schutz gegen Fluglärm (FlugLärmG) und Luftverkehrsgesetz (LuftVG) und zahlreiche Rechtsverordnungen, z. B. 4. BImSchV

Landesrecht:
- Landesimmissionsschutzgesetze und -verordnungen (z. B. Brandenburg: Landesimmissions-schutzgesetz (LImSchG))
- Klimaschutzgesetze (z.B. Klimaschutzgesetz Nordrhein Westfalen)
- Kohlendioxid-Speicherungsausschlussgesetz Mecklenburg-Vorpommern

Sonstige, untergesetzliche Regelungen:
- Verwaltungsvorschriften zum BImSchG und zu den BImSchV-en
- TA Luft (Anleitung zur Reinhaltung der Luft), TA Lärm (Anleitung zum Schutz gegen Lärm)

(Seitlich: Immissionsschutzrecht)

Abb. 3.1 Rechtsvorschriften zum Immissionsschutz nach Rechtsebenen. (Quelle: Eigene
Darstellung)

3.2 Völkerrechtliche Vorgaben an der Schnittstelle von Immissions- und Klimaschutz

Verbindliches **Umweltvölkerrecht** entsteht durch bi- bzw. multilaterale Verträge
(sog. Konventionen bzw. Übereinkommen) zum Schutz einzelner Umweltmedien
oder vor bestimmten Gefahren. Die immissionsschutzrechtlich wichtigsten Völ-

---

[2] Drei Viertel der Todesfälle sind in China und Indien zu verzeichnen. In Deutschland star-
ben 2013 über 47.000 Menschen wegen schlechter Luft, hauptsächlich durch Feinstäube in
Großstädten (Alt (2014)).

kerrechtsverträge bilden die UN-Klimarahmenkonvention (1992) und das Kyoto-Protokoll (1997). Im Rahmen des internationalen, multilateralen Klimaschutzabkommens in Rio de Janeiro von 1992, das 1994 in Kraft trat, hatten sich 195 Vertragsstaaten dem Ziel verschrieben, eine Minderung der anthropogenen Einflüsse auf das Klima und eine Verlangsamung der globalen Erwärmung (allerdings ohne Zeit- und Mengenvorgaben) zu erreichen. Erst durch die Ratifizierung des Kyoto-Protokolls im Zuge der 3. Vertragsstaatenkonferenz (sog. COP, auch: Weltklimagipfel) in Kyoto sind erstmals völkerrechtlich verbindliche Begrenzungs- und Verringerungspflichten von Treibhausgasen für die Industrieländer wirksam sowie der Einsatz flexibler Instrumente (z. B. Emissionshandel, Joint Implementation, Clean Development Mechanism) vereinbart worden, die 2003 in Kraft traten. Bei Joint Implementation (JI) und Clean Development Mechanism (CDM) handelt es sich um die Anerkennung von Emissionsminderungen in Folge des Emissionshandels, die jedoch nicht im eigenen Land stattfinden. Bei JI erfolgt der Erwerb von Zertifikaten bei der Durchführung von Emissionsminderungen in anderen Industrieländern; bei CDM realisieren Industrieländer Reduktionen/Investitionen in Entwicklungs- bzw. in den ANNEX II-Ländern. Der Emissionshandel als 3. Instrument ist Thema in Abschn. 3.4.1.

Das Kyoto-Protokoll ist im Jahr 2012 ausgelaufen; aktuell ist noch kein verbindliches Nachfolgeabkommen beschlossen. So wichtig die völkerrechtliche Abstimmung zum Klimaschutz ist, genauso schwierig gestaltet sich der Abstimmungs- und Einigungs-Prozess. Im Rahmen der alljährlichen COPs bemühten sich einzelne Teilnehmer (allen voran die EU) in den letzten Jahren vergebens um eine Anschlusslösung. Bei der COP 2012 in Doha (Katar) konnte man sich zunächst lediglich darauf einigen, das bestehende Abkommen bis 2020 zu verlängern. Die derzeitigen Aktivitäten forcieren die Verabschiedung eines Nachfolgeabkommens im Rahmen der COP 2015 in Paris. Probleme bereiten der Ausstieg bedeutender Emittenten (z. B. Kanada, Japan) aus der bisherigen Konvention, die anhaltende Abwehrhaltung großer Emittenten (z. B. der USA) und der Einbezug aufstrebender Schwellenländer (z. B. China, Indien) in die Gruppe der Verpflichteten. Zu den drei wichtigsten, bis 2015 noch zu klärenden inhaltlichen Fragen zählen:

• Wie stark reduziert jedes Land den eigenen Treibhausgas-Ausstoß?
• Wie unterstützt die internationale Staatengemeinschaft Entwicklungsländer beim Klimaschutz und bei der Anpassung an den Klimawandel?
• Wie werden Ländern klimawandelbedingte Schäden ersetzt, die sich allen Anpassungsmaßnahmen zum Trotz nicht vermeiden lassen?

3.3 Abgrenzung des klimaschutzbezogenen Immissionsschutzrechts in EU und Deutschland

Verbindlicher und inhaltlich weitreichender als das Völkerrecht sind die Regelungen des Klima- und Immissionsschutzes auf **EU-Ebene**. Die EU hat die Vorgaben aus dem Kyoto-Protokoll umgesetzt und bspw. den Emissionshandel innerhalb der EU etabliert. Wie Abb. 3.1 verdeutlicht, existieren eine Reihe von Richtlinien, die zunächst in das Recht der Mitgliedsstaaten umgesetzt werden müssen, bevor sie ihre nationalrechtlich verbindliche Wirung entfalten. Klimaschutzbezogene Relevanz besitzen auf EU-Ebene neben dem Emissionshandel (insbesondere Richtlinie 2003/87/EG, zuletzt geändert durch die Richtlinie 2009/29/EG) auch Vorgaben zur Reduktion der Emissionen neuer Personenkraftwagen und Nutzfahrzeuge im Straßenverkehr.

Der bundesdeutsche Klima- und Immissionsschutz wird durch das **Bundesimmissionsschutzgesetz** (BImSchG) bestimmt, dessen Zweck gemäß § 1 BImSchG der Schutz von Menschen, Tieren, Pflanzen ... sowie von Kulturgütern und anderen Sachgütern vor schädlichen Umwelteinwirkungen und dem Vorbeugen der Entstehung schädlicher Umwelteinwirkungen und – soweit es sich um genehmigungsbedürftige Anlagen handelt – auch der Vorsorge vor Gefahren bildet. Innerhalb des Immissionsschutzrechts lassen sich folgende Regelungsbereiche unterscheiden (Sommer und Delakowitz (2010, S. 224)):

- Anlagenbezogener Immissionsschutz (2. Teil bzw. §§ 4–31 BImSchG): Besondere Anforderungen an Anlagen, die entweder einer Genehmigung bedürfen oder nicht genehmigungsbedürftig sind,
- Produktbezogener Immissionsschutz (3. Teil bzw. §§ 32–37f BImSchG): Gegenstände/Produkte müssen so beschaffen sein, dass von ihnen (weitestgehend) keine schädlichen Umwelteinwirkungen ausgehen (z. B. Treibstoffe),
- Verkehrsbezogener Immissionsschutz (4. Teil bzw. §§ 38–43 BImSchG): Beschaffenheit und Nutzung von Fahrzeugen und Verkehrswegen (z. B. Verkehrsbeschränkungen wegen Luftverunreinigung (Smog), Festlegung von Sperrgebieten),
- Gebietsbezogener Immissionsschutz (5. und 6. Teil bzw. §§ 44–47f BImSchG): Aufstellen von Plänen zur Luftreinhaltung/Lärmminderung (z. B. Emissionskataster),
- Verhaltensbezogener Immissionsschutz: Regelungen i. R. von Landesimmissionsschutzgesetzen (z. B. Schutz-Zeiten wie Nachtruhe),

- Klimaschutzbezogener Immissionsschutz: Bundesweite Regelungen zur Senkung der Treibhausgasemissionen sowie Regelungen i. R. von Landesklimaschutzgesetzen.

Bevor die Betroffenheit und rechtliche Handlungspflichten aus dem Bereich des klimaschutzbezogenen Immissionsschutzes thematisiert werden können, sind zunächst wichtige Begrifflichkeiten zu klären. § 3 BImSchG definiert die zentralen Begriffe des Immissionsschutzes: Demnach ist zunächst zwischen **Emission** (von einem Verursacher/einer Anlage ausgehende, schädliche Umwelteinwirkungen) und **Immission** (auf Lebewesen oder andere Sachen einwirkende Beeinträchtigungen) zu unterscheiden. Der Transportvorgang wird als **Transmission** bezeichnet. Unter **Anlagen** versteht § 3 Abs. 5 BImSchG:

- Betriebsstätten und sonstige ortsfeste Einrichtungen,
- Maschinen, Geräte und sonstige ortsveränderliche technische Einrichtungen sowie Fahrzeuge und
- Grundstücke, auf denen Stoffe gelagert oder Arbeiten durchgeführt werden, die Emissionen verursachen können (außer öffentliche Verkehrswege).

Auf Bundesebene wird das BImSchG derzeit durch 32 gültige von insgesamt 41 bezifferten Rechtsverordnungen, die sog. **Bundesimmissionsschutzverordnungen** (BImSchV), und weitere Gesetze ergänzt. Sie regeln ausgewählte Aspekte des Klima- und Immissionsschutzes detaillierter. Ein bundesweit gültiges Klimaschutzgesetz existiert jedoch nicht.

Die einzelnen **Bundesländer** sind im Zuge der konkurrierenden Gesetzgebung auf dem Gebiet der Luftreinhaltung und der Lärmbekämpfung (Art. 74 Abs. 1 Nr. 24 GG, außer verhaltensbezogener Lärm) zum Erlass landesweiter Vorschriften ermächtigt und im Weiteren für den Vollzug der Bundes- und Landesvorschriften zuständig. So wird der im Schwerpunkt bundesweit angelegte Immissionsschutz bislang nur in den Bundesländern Bayern, Berlin, Brandenburg, Bremen, Nordrhein-Westfalen, Rheinland-Pfalz und Schleswig-Holstein durch eigene Landes-Immissionsschutzgesetze bzw. in Sachsen und Berlin durch Ausführungsgesetze ergänzt; in allen anderen Bundesländern finden (alleinig) das BImSchG und die weiteren Rechtsquellen des Bundes unmittelbare Anwendung. Ferner haben einige Bundesländer **Landes-Klimaschutzgesetze** erlassen, konkret die Stadt Hamburg im Jahr 1997, die Länder Nordrhein-Westfalen und Baden-Württemberg jeweils im Jahr 2013. In den Landes-Klimaschutzgesetzen sind Klimaschutzziele verankert, zu deren Umsetzung die Aufstellung von regionalen/kommunalen Klimaschutzkonzepten gefordert bzw. empfohlen wird. Sie nehmen öffentliche Stellen (d. h.

Kommunen und kommunale Unternehmen), nicht jedoch private Unternehmen in die Pflicht.

Auch die **Städte und Kommunen** sind an der Umsetzung und Koordination von Immissions- und Klimaschutzaktivitäten vielfältig beteiligt: Von der Planung, Errichtung und Nutzung erneuerbarer Energiequellen, über das Energiesparen, eine klimafreundliche Beschaffung, kommunale grüne Verkehrspolitik bis hin zu Informations-, Beratungs- und Förderangeboten (Deutscher Städte- und Gemeindebund e. V. (2014)). Aus kommunal-rechtlicher Sicht spielt auch die Bauleitplanung eine Rolle: Im Flächennutzungsplan ist die Art der Bodennutzung für das gesamte Gebiet einer Gemeinde in den Grundzügen dargestellt, während auf deren Basis entwickelte Bebauungspläne rechtsverbindliche Festsetzungen für die städtebauliche Ordnung enthalten. Gemäß § 50 BImSchG müssen die für eine bestimmte Nutzung vorgesehenen Flächen einander so zugeordnet werden, dass schädliche Umwelteinwirkungen (z. B. durch Abgase, Gerüche) auf überwiegend dem Wohnen dienende oder auf sonstige schutzwürdige Gebiete (z. B. Kindergärten, Krankenhäuser) soweit wie möglich vermieden werden. Ferner besteht über Satzungen die Möglichkeit, im Einklang mit der Energieeinsparverordnung (EnEV) bauliche Standards sowie einen Anschluss- und Benutzungszwang für Nah- bzw. Fernwärmenetze festzulegen (vgl. hierzu weiterführend Abschn. 4.2 und 4.4).

3.4 Vorgaben des klimaschutzbezogenen Immissionsschutzrechts in EU und Deutschland

Im Zuge der Verfolgung des Ziels der Reduktion der CO_2-Emissionen (bzw. deren Äquivalente) als Beitrag zum Klimaschutz kommen die ordnungsrechtlich fixierten Instrumente bzw. Maßnahmen

- Emissionshandel,
- Abscheidung und unterirdische Verpressung von CO_2,
- Emissionsgrenzwerte für Verkehrsmittel und Mindestquoten für Biokraftstoff

in Betracht und werden im Folgenden näher vorgestellt.

3.4.1   Verringerung der Treibhausgas-Emissionen durch Emissionshandel

Ein zentrales Thema im klimaschutzbezogenen Immissionsschutzrecht bildet der Emissionshandel mit CO_2-Zertifikaten. Der **Emissions(zertifikate)handel** ist ein Instrument zur Erreichung der Emissionsreduktionsziele im Rahmen des Klimaschutzes durch Nutzung von Marktkräften zu geringsten Kosten. Er funktioniert nach dem „Cap and Trade"-Prinzip: Eine Mengenbegrenzung (Cap) sorgt dafür, dass ein Treibhausgas ein knappes Gut wird und sich durch den Handel (Trade) am Markt über Angebot und Nachfrage ein Preis für das Treibhausgas bildet.

Die rechtliche Basis des Emissionshandels bilden die völkerrechtlichen Verpflichtungen des Kyoto-Protokolls von 1997 und die aktuell geltende Verpflichtung der EU, die Treibhausgasemissionen – bezogen auf das Jahr 1990 – bis 2020 um 20 % zu verringern. Für den gleichen Zeitraum hat sich Deutschland verpflichtet, seine Treibhausgasemissionen um 40 % (bis 2030 um 55 %, bis 2040 um 70 %, bis 2050 um 80 bis 95 %; jeweils bezogen auf das Basisjahr 1990) zu reduzieren (BMWi/BMU (Hrsg.) (2011, S. 5)). Für den Emissionshandel auf EU-Ebene maßgebend sind die Entscheidung 2002/358/EG über die Genehmigung des Protokolls von Kyoto und die Richtlinie über ein System für den Handel mit Treibhausgasemissionen (2003/87/EG, zuletzt geändert durch die Richtlinie 2009/29/EG zwecks Verbesserung und Ausweitung des Gemeinschaftssystems für den Handel mit Treibhausgasemissionszertifikaten). Daneben existieren eine Reihe ergänzender Verordnungen sowie Beschlüsse, z. B. Verordnung Nr. EU/525/2013 über ein System für die Überwachung von Treibhausgasemissionen sowie für die Berichterstattung über diese Emissionen und über andere klimaschutzrelevante Informationen auf Ebene der Mitgliedsstaaten und der Union. Das EU-Emissionshandelssystem wird demnach seit Januar 2005 praktiziert und teilt sich in 3 Phasen:

*   Phase I: 2005–2007
*   Phase II: 2008–2012
*   Phase III: 2013–2020

Die nationale Rechtsgrundlage bildet seit Juli 2004 das Treibhausgas-Emissionshandelsgesetz (TEHG), zuletzt novelliert im Juli 2011. Es setzt(e) die europäische Richtlinie 2003/87/EG über ein System für den Handel mit Treibhausgasemissionszertifikaten in der Gemeinschaft – zuletzt novelliert durch die Richtlinie 2009/29/EG – in nationales Recht um. Das TEHG wird ergänzt durch

- die Emissionshandelsverordnung 2020,
- die Emissionshandelskostenverordnung 2007,
- die Emissionshandels-Versteigerungsverordnung 2012,
- die Zuteilungsgesetze und -verordnungen 2007 (Phase I: 2005–2007, inzwischen ungültig, da abgelaufen), 2012 (Phase II: 2008–2012, inzwischen ungültig, da abgelaufen) und 2020 (Phase III: 2013–2020) sowie
- die Datenerhebungsverordnungen 2012 und 2020.

Während das TEHG das grundsätzliche Prozedere des Emissionshandels in Deutschland (z. B. das Verfahren der Zuteilung und des Handels mit Berechtigungen, die Aufgaben der Deutschen Emissionshandelsstelle (DEHSt), Kommunikation, Überwachung, Sanktionierung) regelt, beinhalten die ergänzenden Rechtsvorschriften Vorgaben zur Durchführung des TEHG in der aktuellen Handelsperiode (EHV 2020), zum Berechnungsverfahren der Zuteilung (ZuV 2020), zur Versteigerung der Emissionsberechtigungen (EHVV 2012), zur Gebühren- und Auslagenerhebung (EHKostV 2007) sowie zur Erhebung von Daten zur Einbeziehung des Luftverkehrs und weiterer Tätigkeiten in den Emissionshandel (DEV 2020). Das ProMechG und die ProMechGebV definieren die Anerkennung von CDM- und JI-Projekten für Deutschland. Die Verpflichtungen des Emissionshandels betreffen dabei inzwischen nicht mehr nur CO_2 sondern mehrere Treibhausgase.

Methodisch basiert der Emissionshandel innerhalb der EU auf einem sog. **Zertifikatsmodell**, das in schematisch vereinfachter Form in Abb. 3.2 verdeutlicht ist: Unternehmen, die aufgrund der gesetzlichen Bestimmungen am Emissionshandel teilnehmen, bekommen von der EU[3] eine bestimmte Anzahl an Verschmutzungsberechtigungen (Zertifikaten) zugeteilt.[4] Ein Zertifikat gestattet die Ableitung einer bestimmten Schadstoffmenge (z. B. 1 EUA = 1 t CO_{2equ}). Im Vorfeld hat die EU-Kommission für das Gebiet ihrer Mitgliedsstaaten eine konkrete, knapp bemessene Obergrenze der Gesamtemission (Emissionskontingente für Schadstoffe, sog. Cap) als Umweltziel direkt vorgegeben, die sie mit den Jahren auch kontinuierlich reduziert. Die am Emissionshandel beteiligten Unternehmen müssen über für ihr Emissionsvolumen ausreichende Emissionsberechtigungen verfügen. Gelingt es einem Unternehmen seinen Ausstoß soweit zu senken, dass die Menge an Emissionen die Menge an zur Verfügung stehenden Emissionsberechtigungen sogar unterschreitet, so kann es die restlichen (somit nicht mehr benötigten)

---

[3] Bis zur Phase II fand der Emissionshandel auf nationaler Ebene statt. Dazu existierten Nationale Allokationspläne (NAP), die den Umfang der jährlichen Gesamtemissionsmenge eines Staates festlegten.

[4] Ein vollständig freier Handel der Zertifikate erfolgt erst etwa ab 2020. Bis dahin erfolgt teilweise bzw. branchenabhängig noch eine kostenlose Zuweisung.

Berechtigungen am Markt verkaufen. Unternehmen, die in einem bestimmten Zeitraum mehr Treibhausgase emittieren als sie berechtigt sind, können entweder an der Börse Verschmutzungsrechte anderer Marktteilnehmer zukaufen (sog. Trade) oder alternativ ihren eigenen Ausstoß an Treibhausgasen vermindern, in dem sie Emissionssenkungsmaßnahmen durchführen. Die Entscheidung richtet sich nach der Höhe der jeweiligen Kosten: den Vermeidungskosten für die Emissionssenkungsmaßnahme(n) stehen die Kosten für den Kauf von Zertifikaten im benötigten Umfang gegenüber. Die Höhe der zertifikatszukaufbedingten Kosten ist abhängig vom („offenen") Emissionsvolumen und dem aktuellen Preis an der Börse. Der Preis wird durch den (Handels-)Markt bestimmt. Dies impliziert, dass Reduktionsmaßnahmen dort durchgeführt werden, wo sie am wirtschaftlichsten sind.

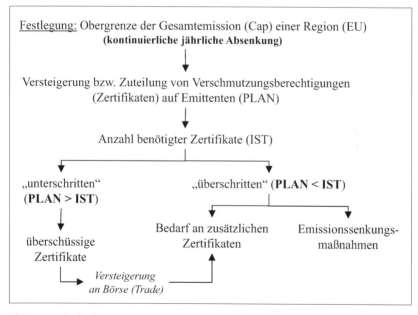

Abb. 3.2 Prinzip des Handels mit Emissionszertifikaten. (Quelle: Eigene Darstellung)

Um eine Belastung der Wirtschaft durch Mehrkosten des Stroms infolge des Emissionshandels zu verhindern, wurden über die Emissionshandels-Richtlinie Ausnahmen und Befreiungen für bestimmte Industriesektoren, die sog. **Strompreiskompensation**, berücksichtigt. Zu den beihilfebegünstigten Industriesektoren gehören bspw. Anlagen zur Herstellung von Lederbekleidung, Chemiefasern, Düngemitteln, Papier/Pappe. Die Strompreiskompensation dient dazu, die internationale Wettbewerbsfähigkeit von Unternehmen gegenüber Wettbewerbern zu erhalten, die keine derartigen Kosten tragen müssen. Produktionsverlagerungen sollen so vermieden werden. Die Voraussetzungen für die Beihilfe und ihre Berechnung ergeben sich in Deutschland aus der Förderrichtlinie zur Strompreiskompensation vom 23.07.2013.

Die **Zuständigkeit** für die Umsetzung des europaweiten Emissionshandels in Deutschland ist zwischen Bund und Bundesländern aufgeteilt. Die DEHSt im Umweltbundesamt ist v. a. verantwortlich für die:

- Zuteilung der Emissionsberechtigungen,
- Überwachung der jährlichen Emissionsberichterstattung,
- Steuerung der Versteigerung von Emissionsberechtigungen in Deutschland,
- Führung des deutschen Teils im EU-Emissionshandelsregisters, welches die Konten für Berechtigungen enthält,
- Bearbeitung der Anträge zur Strompreiskompensation,
- Genehmigung und Überwachung von Klimaschutzprojekten (CDM, JI) im Rahmen des Kyoto-Protokolls,
- nationale und internationale Berichterstattung.

Die Bundesländer (Landes-Immissionsschutzbehörden) nehmen Aufgaben der Treibhausgasemissionsgenehmigung, die in Zusammenhang mit der immissionsschutzrechtlichen Genehmigung steht (da sämtliche betroffenen Anlagentypen gleichzeitig gemäß BImSchG immissionsschutzrechtlich genehmigungsbedürftig sind), und der Überwachung wahr (Schieß (2010)).

Vom EU-Emissionshandel waren im ersten Schritt nur **stationäre Anlagen**, d. h. Energieerzeugungsanlagen ab 20 MW Leistung und fünf energieintensive Industriebranchen, in den EU-Mitgliedsstaaten sowie Norwegen und Liechtenstein betroffen. Mithin waren in den Jahren 2008 bis 2012 mehr als 1600 deutsche Anlagen aus 21 Bereichen emissionshandelspflichtig. Das entspricht etwa der Hälfte der in Deutschland freigesetzten anthropogenen Kohlendioxid-Emissionen aus fossilen Quellen (UBA (2014c)).

In der II. Phase ist seit 2012 auch der **Luftverkehr** in den Handel einbezogen. Allerdings setzte die EU-Kommission aufgrund des massiven Widerstands von außereuropäischen Fluggesellschaften und Nicht-EU-Staaten die Verpflichtung zur Teilnahme am Emissionshandel für Flüge über die EU-Grenzen hinweg vorübergehend aus. Vom Emissionshandel sind daher aktuell nur Flüge innerhalb der EU erfasst. Bei Vorliegen bestimmter Situationen gemäß § 6 und Anlage 1 DEV 2020 können deutsche Luftfahrzeugbetreiber jedoch einen Befreiungsantrag stellen.

Mit Phase III wurden folgende Neuerungen am EU-Emissionshandel eingeführt:

* Ausweitung der in das Handelssystem einbezogenen Treibhausgase um Lachgas und vollhalogenierte Fluorkohlenwasserstoffe,
* Emissionsgrenzen für die Herstellung einzelner Produkte (z. B. für Stahl, Zement),
* Neuregelung der Vergabe von Gratiszertifikaten durch Orientierung am BAT.

Aktuell hat der Emissionshandel bei den stationären Anlagen mit einem Zertifikateüberschuss und Preisverfall zu „kämpfen". Der Börsenpreis lag im Mai 2013 nur zwischen 3 und 4 € pro Tonne CO_2 anstatt bei wirksamen ca. 30 € je Tonne CO_2. Somit ist es für Unternehmen, die in Zeiten prosperierender Wirtschaft mehr CO_2 emittieren als ihnen mit den eigen verfügbaren Zertifikaten erlaubt ist, günstiger, sehr preiswerte Zertifikate zu erwerben anstatt in Emissionsminderungsmaßnahmen zu investieren. Gründe liegen in der Wirtschafts- und Finanzkrise und der umfangreichen Nutzung von Zertifikaten aus internationalen Klimaschutzprojekten. Die EU hat inzwischen darauf reagiert, in dem sie durch das sog. **Backloading** 900 Mio. CO_2-Zertifikate aus dem Zeitraum 2014 bis 2016 in die Jahre 2019 (300 Mio.) und 2020 (600 Mio.) verschoben hat (DEHSt (2014)). Über diese kurzfristige Reduzierung der verfügbaren Zertifikate wird ein Mangel erwartet, der in einen erhofften Preisanstieg pro Zertifikat münden dürfte. Daneben arbeitet die EU-Kommission an Lösungen zur Beseitigung struktureller Probleme, bspw. durch Einführung einer Marktstabilitätsreserve.

3.4.2 Verringerung der Kohlendioxid-Emissionen durch unterirdische Verpressung

Einen zweiten Ansatzpunkt innerhalb des klimaschutzbezogenen Immissionsschutzrechts bilden Möglichkeiten zur **Abscheidung von CO_2** aus Verbrennungsabgasen von Kohlekraftwerken **und** dessen **unterirdische Einlagerung** bzw. Verpressung in geologischen Formationen (z. B. in ausgedienten Erdöllagerstätten) (sog. Carbon Dioxide Capture and Storage, kurz: CCS). Die CCS-Technologie befindet sich noch im Entwicklungsstadium. Gleichwohl setzen zahlreiche Länder, darunter China, Indien, die USA wie auch die EU und die deutsche Bundesregierung, auf die CCS-Technologie als ein Mittel zur Reduzierung des Ausstoßes von Treibhausgasen bei weiterer Nutzung der fossilen Brennstoffe im Energiemix.

Die europäische Rechtsgrundlage zum Einsatz der CCS-Technologie bildet die Richtlinie 2009/31/EG zur geologischen Speicherung von CO_2. Sie regelt die Auswahl, das Genehmigungsverfahren und den Betrieb von CO_2-Speichern; die nationale Rechtsvorschrift war gemäß Art. 39 Abs. 1 dieser Richtlinie bis zum 25.6.2011 zu erlassen. Deutschland hatte diese Frist nicht eingehalten und damit

ein Verfahren vor dem Europäischen Gerichtshof in Kauf genommen. Die Verzö-
gerung war insbesondere bedingt durch unterschiedliche Positionen der beteiligten
Bundesministerien (BMWi und BMU) sowie der einzelnen Bundesländer. Es ging
dabei um die Frage der Anlagen-Zulässigkeit und um Ausstiegsklauseln für die
Bundesländer. Im April 2011 hatte das Gesetz zwar das Bundeskabinett und im
Juli 2011 den Bundestag passiert, wurde jedoch zunächst im September 2011 durch
den Bundesrat gestoppt und erst im Juni 2012 nach Vermittlung freigegeben. Erst
am 17.8.2012 wurde das **Kohlendioxid-Speicherungsgesetz** (KSpG) verabschie-
det und trat am 24.8.2012 in Kraft. Es erlaubt den Einsatz der CCS-Technologie
zum Zwecke der Erforschung, Erprobung und Demonstration (§ 1 KSpG). Das
Gesetz gibt für Deutschland eine jährliche Höchstspeichermenge von insgesamt
vier Mio. t CO_2 und von 1,3 Mio. t CO_2 pro Speicher vor (§ 2 Abs. 2 KSpG). Die
Errichtung eines solchen Speichers bedarf einer Antragstellung bei der zuständigen
Landesbehörde bis spätestens zum 31.12.2016 (§ 2 Abs. 2 KSpG). Das Verfahren
sieht eine umfassende Öffentlichkeitsbeteiligung vor. Derartige Anlagen bedürfen
im Übrigen einer immissionsschutzrechtlichen Genehmigung nach BImSchG und
sind UVP-pflichtig nach UVPG.

Den Bundesländern obliegt die Hoheit zur Umsetzung der Vorgaben des KSpG
(z. B. Ermächtigung zum Erlass von Landesgesetzen, Durchführung des Zulas-
sungsverfahrens, Vollzug und Überwachung der Bestimmungen des Gesetzes).
Von der gesetzlich verankerten Ausstiegsklausel für die Bundesländer machte (bislang) nur Mecklenburg-Vorpommern mit der Verabschiedung des Kohlendioxid-
Speicherungsausschlussgesetzes vom 30.5.2012 Gebrauch. Die Klausel wie auch
dieses Ausschlussgesetz waren eine Reaktion auf den großen und bis heute anhal-
tenden **Widerstand** in der Bevölkerung (z. B. in Form von Bürgerinitiativen). Die
fehlende Akzeptanz in der Bevölkerung, die erheblichen Kosten sowie die hohen
Umwelt-, Haftungs- und gesundheitlichen **Risiken** im Falle möglicher Leckagen
in den CO_2-Speichern und die **Nutzungskonkurrenz** zur Geothermie aufgrund
ähnlicher geologischer Erfordernisse haben dazu geführt, dass die großen Energie-
konzerne (z. B. Vattenfall) von einer Antragstellung im Rahmen der gesetzlichen
Möglichkeiten bislang Abstand genommen haben – sicherlich nicht zuletzt auch,
weil eine großtechnische Anwendung der CCS-Technologie in Deutschland nach
der aktuellen Gesetzeslage bis auf Weiteres gar nicht möglich ist.

3.4.3 Verringerung der Kohlendioxid-Emissionen im Straßenverkehr

Mit etwa 19 % ist ein beachtlicher Anteil der europäischen Treibhausgasemissionen dem Straßenverkehr zuzurechnen (Puls (2013, S. 4)). Diesbezüglich ist der

Verkehrsbereich vorwiegend EU-weit einheitlich geregelt. Der Hauptansatzpunkt bei der Verringerung der CO_2-Emissionen innerhalb der EU besteht im Erlass von **Emissionsgrenzwerten für die Neuwagenflotten.** Laut Art. 1 Abs. 1 der Verordnung Nr. 443/2009 gilt in der EU ab dem Jahr 2015 für neue Personenkraftwagen ein CO_2-Emissionsdurchschnitt von 130 g/km. Zum Vergleich: „Im Jahr 2011 wiesen die Neuwagen in der EU im Durchschnitt Emissionen von 136 g CO_2/km auf" (Puls (2013, S. 15)).

Um eine vernünftige Lastenverteilung zwischen den einzelnen Herstellern zu erreichen, hat die EU keinen einheitlichen Grenzwert eingeführt, sondern ein Verfahren entwickelt, das herstellerspezifische Grenzwerte unter Berücksichtigung der verschiedenen Produktportfolios ermittelt. Im EU-Flottendurchschnitt ergeben diese herstellerspezifischen Grenzwerte dann den oben genannten Zielwert. Der jeweilige Wert ist abhängig vom Gewicht des Neuwagens. Verbrauch und Emissionen jedes Neuwagens werden in einem offiziellen Messverfahren erhoben. Überschreitet der Messwert den dem Durchschnittsgewicht des Neuwagens entsprechenden Grenzwert, hat der Hersteller Strafzahlungen (eine sog. Überschreitungsabgabe) zu leisten, deren Höhe von der Überschreitungshöhe und der Zahl der verkauften Neuwagen abhängt. Art. 1 Abs. 2 EU-Verordnung Nr. 443/2009 sieht als Langfristziel vor, dass Neufahrzeuge ab dem Jahr 2020 durchschnittlich höchstens 95 g CO_2/km ausstoßen dürfen. Im Februar 2014 bestätigte das EU-Parlament diese Zielfestlegung; sie wird sich im nächsten Schritt darauf konzentrieren, ein Ziel für die Zeit nach 2020 festzulegen. Mit der EU-Verordnung Nr. 510/2011 wurde das Prinzip im Jahr 2011 bereits auf leichte Nutzfahrzeuge übertragen, für die ein CO_2-Emissionsdurchschnitt von 175 g/km (ab 2017) bzw. 147 g/km (ab 2020) gilt.

Mit dem Konstrukt der herstellerspezifischen Grenzwerte wählte die EU ein ungewöhnliches Vorgehen: Die Grenzwertfestlegung setzt nicht (wie beim Emissionshandel) an den tatsächlichen Emissionen des Sektors an, sondern reguliert die rein technischen Emissionspotenziale der einzelnen Fahrzeuge. Eine Beeinflussung des verkehrsbedingten Treibhausgasausstoßes ist somit nur mittelbar gegeben. Ein einheitlicher Grenzwert für alle Hersteller hätte jedoch voraussichtlich nicht funktioniert (Puls (2013, S. 8–9)).

An dieser Stelle ist als weitere Strategie im Verkehrsbereich die sog. **Elektromobilitäts-Strategie** der Bundesregierung zu erwähnen. Das politische Ziel sieht vor, „eine Million Elektrofahrzeuge bis 2020 und sechs Millionen bis 2030 auf die Straße zu bringen" (BMWi/BMU (Hrsg.) (2011, S. 24)). Die Bundesregierung arbeitet derzeit an einem Entwurf für eine Kennzeichnungsverordnung für Elektrofahrzeuge (40. BImSchV), die eine Privilegierung dieser Fahrzeuge (z. B. kostenloses Parken) und damit eine Steigerung der Attraktivität zum Ziel haben.

Einen weiteren Ansatzpunkt innerhalb des klimaschutzbezogenen Immissionsschutzes bilden die sog. **Biokraftstoffe** (z. B. Pflanzenöl, Bioethanol, Biomethan).

Ziel ist die Verringerung der Verbrennung mineralischer Kraftstoffe. Rechtlich maßgebend sind hierbei auf EU-Ebene die Richtlinie 2009/28/EG (Erneuerbare-Energien-Richtlinie bzw. ihre Vorgänger-Richtlinie 2003/30/EG) und Richtlinie 2004/75/EG (Richtlinie zur Restrukturierung der Besteuerung von Energieerzeugnissen und elektrischem Strom), die durch das Inkrafttreten des Biokraftstoffquotengesetzes 2006 in deutsches Recht überführt wurden. Das Biokraftstoffquotengesetz ist ein Artikelgesetz, das einen Mindestanteil von Biokraftstoffen am gesamten Kraftstoffabsatz in Deutschland vorschreibt und seinen rechtlich verbindlichen Niederschlag in folgender Form fand:

- Ergänzung des BImSchG durch Einfügung der §§ 37a bis 37d,
- Anpassung des Energiesteuergesetzes (bezüglich Steuerentlastungen),
- Erlass der Verordnung zur Durchführung der Regelungen der Biokraftstoffquote (36. BImSchV).

Die genannten Rechtsquellen richten sich im Wesentlichen an die Mineralölwirtschaft, die einen bestimmten, anwachsenden Mindestanteil von Biokraftstoffen zur Verfügung stellen muss. Dieser Mindestanteil soll jährlich um 0,25 bis auf 8 % des Energiegehalts der gesamten in den Verkehr gebrachten Kraftstoffe im Jahr 2015 ansteigen (§ 37a Abs. 3 BImSchG). Die Quote kann entweder durch Beimischung von Biokraftstoffen in Ottokraftstoffe oder Diesel oder durch Verwendung von reinen Biokraftstoffen erreicht werden. Ab dem Jahr 2015 wird die Biokraftstoffquote gemäß der sog. Dekarbonisierungsstrategie dann durch pauschale jährliche Reduktionsziele von Treibhausgasen aus Kraftstoffen ersetzt.

Zusammenfassend ist festzuhalten, dass der Emissionshandel – zumindest im Kraftwerksbereich – DAS zentrale Instrument im Rahmen des Klimaschutzes bildet, er aber durch weitere umweltpolitische Instrumente und Maßnahmen (vgl. hierzu vor allem Abschn. 4) ergänzt werden muss (Möller (2010, S. 170–171)). Die ordnungsrechtlich fixierten Instrumente des klimaschutzbezogenen Immissionsschutzes sind bislang auch noch hinter ihren Möglichkeiten zurückgeblieben. Während der CO_2-Emissionshandel derzeit einem in der Methodik des Börsenhandels begründeten Preisproblem unterliegt, wird die Erprobung unterirdischer CO_2-Speicher durch den massiven Widerstand in der Bevölkerung sowie durch die hohen bis unkalkulierbaren Kosten und Risiken gehemmt. Beide Instrumente leisten zurzeit nur einen mäßigen Beitrag zur Erreichung der nationalen und globalen Klimaschutzziele. Sollen diese Instrumente auch in Zukunft den Klimaschutz adäquat forcieren, müssen alsbald weitere methodische und politische Nachbesserungen folgen.

Klimaschutz via Umweltenergierecht 4

Einen wesentlichen Beitrag zur Reduktion der Treibhausgasemissionen kann der Energiesektor insbesondere durch der Ausbau der erneuerbaren Energien zum Hauptpfeiler der Energieversorgung und durch eine Steigerung der Energieeffizienz leisten. Das 4. Kapitel widmet sich dem Thema Energie und startet mit einem einführenden Überblick zum Energierecht im Allgemeinen und zum Umweltenergierecht im Speziellen im Mehrebenensystem. In den weiteren Abschnitten werden die bedeutendsten Rechtsvorschriften und Regelungsinhalte in den beiden Steuerungsbereichen Einsatz von erneuerbaren Energien sowie Energieeinsparung/-effizienz vertiefend vorgestellt.

4.1 Das Umweltenergierecht innerhalb des Energierechts

Das Energierecht hat seinen Ursprung im Wirtschaftsrecht. Bis zum Jahr 1998 war die leitungsgebundene Energieversorgung in der EU durch einen strikten Wettbewerbsausschluss geprägt, der sich in der flächendeckenden Aneinanderreihung von Gebietsmonopolen ausdrückte. Infolge der Liberalisierung des Energiemarktes und der sukzessiven Entwicklung des energiepolitischen Zieldreiecks (vgl. Abschn. 2.1) steht das Energierecht heute für ein weit umfangreiches, ausdifferenziertes Rechtsgebiet. Dem Zieltrias des **Energierechts** folgend setzt sich das moderne Energierecht aus folgenden **Teilgebieten** zusammen:

© Springer Fachmedien Wiesbaden 2015
P. Sommer, *Klimaschutzrecht im betrieblichen Fokus*, essentials,
DOI 10.1007/978-3-658-07952-9_4

- Energiesicherungsrecht (d. h. Sicherung der Energieversorgung, Netz-/ Leitungs(aus)bau),
- Energiewirtschaftsrecht:
  - Energiekartell- und Energieverbraucherrecht (d. h. Liberalisierung des EU-Energie-Binnenmarktes, Aufgaben/Befugnisse der Bundes-/ Landeskartellbehörden),
  - Energievertrags- und Energiehandelsrecht (d. h. Aspekte von Konzessions-, Energieliefer-, Handelsverträgen),
- Energierecht in Kombination mit dem Umweltrecht:
  - Energiebezogenes Umweltrecht (Energieumweltrecht), insbesondere Anlagenrecht (d. h. Genehmigung von Errichtung, Änderung, Betrieb von Energieanlagen) und Atomrecht (d. h. Erzeugung und Nutzung von Kernenergie, kerntechnische Sicherheit und Entsorgung),
  - Umweltbezogenes Energierecht (Umweltenergierecht).

An der Schnittstelle zwischen Umwelt- und Energierecht liegt der (feine) Unterschied im Bezugspunkt: Beim Teilgebiet des **Umweltenergierechts** sind Umweltziele der Gegenstand der Energierechtsregelungen, d. h. das Umweltenergierecht umfasst Bestimmungen zur nachhaltigen Versorgung und Umgang mit Energie. Andererseits sind beim **energiebezogenen Umweltrecht** Energiethemen Gegenstand der Umweltrechtsregelungen, denn auch vom Energiesektor gehen durch Energiegewinnung, -versorgung und -verbrauch Emissionen, Gefahrenpotenziale und Ressourcenverbrauch aus (Kloepfer (2004, S. 1427)). Hier grenzt es in erster Linie an die immissionsschutzrechtlichen Regelungen, wie z. B. im Kontext des Emissionshandels (vgl. hierzu Abschn. 3.4.1). Ein weiteres Beispiel ist die Genehmigungspflicht beim Bau von Energieanlagen (z. B. Kraftwerke, Windkraftanlagen) ab einer bestimmten Größe und Umweltrelevanz gemäß BImSchG und 4. BImSchV, wobei hinzuzufügen ist, dass das Anlagengenehmigungsrechts interdisziplinär von weiteren Fachgesetzen tangiert wird, z. B. UVP-Pflicht nach UVPG. Auch Planungsinstrumente beeinflussen die umweltgerechte Energieversorgung stark. Raumordnungspläne der Länder und Flächennutzungs- und Bebauungspläne der Kommunen enthalten Vorgaben für den Energieanlagen- und -leitungsbau etc. (z. B. Ausweisung von Standorten für Windkraftanlagen).

Die weiteren Ausführungen konzentrieren sich im Kontext des Klimaschutzes allein auf das **Umweltenergierecht**. Den Umfang des Regelungsbereichs des Umweltenergierechts im Mehrebenensystem vom Völker- bis zum Kommunalrecht deutet Abb. 4.1 an. Im Folgenden werden ausgewählte Rechtsvorschriften und die sich daraus ergebenden Rechte, Pflichten und Anforderungen eingehender betrachtet.

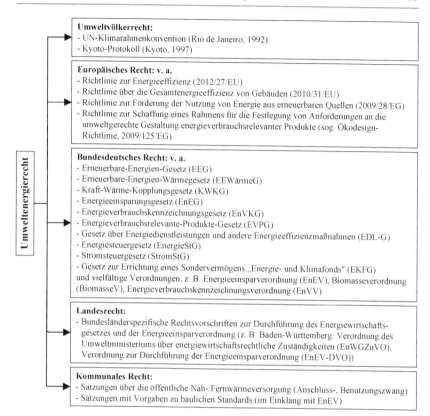

Umweltvölkerrecht:
- UN-Klimarahmenkonvention (Rio de Janeiro, 1992)
- Kyoto-Protokoll (Kyoto, 1997)

Europäisches Recht: v. a.
- Richtlinie zur Energieeffizienz (2012/27/EU)
- Richtlinie über die Gesamtenergieeffizienz von Gebäuden (2010/31/EU)
- Richtlinie zur Förderung der Nutzung von Energie aus erneuerbaren Quellen (2009/28/EG)
- Richtlinie zur Schaffung eines Rahmens für die Festlegung von Anforderungen an die umweltgerechte Gestaltung energieverbrauchsrelevanter Produkte (sog. Ökodesign-Richtlinie, 2009/125/EG)

Bundesdeutsches Recht: v. a.
- Erneuerbare-Energien-Gesetz (EEG)
- Erneuerbare-Energien-Wärmegesetz (EEWärmeG)
- Kraft-Wärme-Kopplungsgesetz (KWKG)
- Energieeinsparungsgesetz (EnEG)
- Energieverbrauchskennzeichnungsgesetz (EnVKG)
- Energieverbrauchsrelevante-Produkte-Gesetz (EVPG)
- Gesetz über Energiedienstleistungen und andere Energieeffizienzmaßnahmen (EDL-G)
- Energiesteuergesetz (EnergieStG)
- Stromsteuergesetz (StromStG)
- Gesetz zur Errichtung eines Sondervermögens „Energie- und Klimafonds" (EKFG) und vielfältige Verordnungen, z. B. Energieeinsparverordnung (EnEV), Biomasseverordnung (BiomasseV), Energieverbrauchskennzeichnungsverordnung (EnVV)

Landesrecht:
- Bundesländerspezifische Rechtsvorschriften zur Durchführung des Energiewirtschafts-gesetzes und der Energieeinsparverordnung (z. B. Baden-Württemberg: Verordnung des Umweltministeriums über energiewirtschaftsrechtliche Zuständigkeiten (EnWGZuVO), Verordnung zur Durchführung der Energieeinsparverordnung (EnEV-DVO))

Kommunales Recht:
- Satzungen über die öffentliche Nah-/Fernwärmeversorgung (Anschluss-, Benutzungszwang)
- Satzungen mit Vorgaben zu baulichen Standards (im Einklang mit EnEV)

Abb. 4.1 Rechtsvorschriften des Umweltenergierechts nach Rechtsebenen. (Quelle: Eigene Darstellung)

4.1.1   Völkerrechtliche Vorgaben zum Umweltenergierecht

Die einzigen verbindlichen Rechtsquellen im Kontext des Umweltenergiebereichs auf der Ebene des **Völkerrechts** bilden die Klimarahmenkonvention (1992) und das Kyoto-Protokoll (1997) (vgl. ausführlicher hierzu bereits Abschn. 3.2). Bei-spielsweise fordert das Kyoto-Protokoll von den Vertragsstaaten in Art. 2 die Nut-zung erneuerbarer Energieformen und die Verbesserung der Energieeffizienz.

4.1.2 Überblick über das Umweltenergierecht der EU und Deutschlands

Auf **EU-Ebene** wurde die gemeinschaftliche Energiepolitik mit dem Vertrag von Lissabon im Dezember 2009 erstmals in einem eigenen Artikel als Politikbereich der EU primärrechtlich verankert. Der Vertrag über die Arbeitsweise der Europäischen Union (AEUV) benennt in Art. 195 als Ziele der europäischen Energiepolitik:

- Sicherstellung des Funktionierens des Energiemarkts,
- Gewährleistung der Energieversorgungssicherheit in der Union,
- Förderung von Energieeffizienz und von Energieeinsparungen sowie Entwicklung neuer und erneuerbarer Energiequellen und
- Förderung der Interkonnektion der Energienetze.

Auf der Basis des Primärrechts ist in der EU zwischenzeitlich eine Vielzahl verbindlicher Rechtsvorschriften (d. h. Sekundärrecht in Form von Richtlinien und Verordnungen) erlassen worden, wie beispielhaft aus Abb. 4.1 ersichtlich ist. Da es sich hierbei fast ausschließlich um EU-Richtlinien handelt, die zwangsläufig einer Umsetzung in nationales Recht der Mitgliedsstaaten bedürfen, ist aus inhaltlicher Sicht bedeutsam, wie das Umweltenergierecht in Deutschland aufgebaut und ausgestaltet ist.

Die **bundesdeutsche Gesetzgebung** im Energiebereich ist durch die notwendige Umsetzung europäischer Rechtsakte und das darüber hinausgehende Setzen eines eigenen nationalen Rahmens geprägt. Das deutsche Umweltenergierecht ist dabei nicht in einem einzigen Gesetz kodifiziert, sondern verteilt sich auf verschiedene Vorschriften. Die rechtliche Grundlage für die Herausbildung des Umweltenergierechts in Deutschland stellt das zentrale Gesetz des Energiewirtschaftsrechts, das Energiewirtschaftsgesetz (EnWG), dar. In § 3 Nr. 33 EnWG wird eine umweltverträgliche Energieversorgung in Form des Einsatzes erneuerbarer Energien[1] und der Nutzung der Kraft-Wärme-Kopplung prinzipiell eingefordert. Das EnWG bildet somit die Rechtsgrundlage für den Erlass von Rechtsvorschriften im Umweltenergierecht auf bundesdeutscher Ebene. Nach dem konkreten Ansatzpunkt des Umweltschutzes können die Rechtsvorschriften des Umweltenergierechts differenziert werden in:

---

[1] Gemäß § 3 Nr. 3 EEG gehören zu den erneuerbaren Energien Wasserkraft, Windenergie, solare Strahlungsenergie, Geothermie, Energie aus Biomasse sowie aus dem biologisch abbaubaren Anteil von Abfällen aus Haushalten und Industrie.

- Vorschriften zur umweltverträglichen Energiegewinnung/-versorgung und
- Vorschriften zur Einsparung von Energie.

Umweltverträgliche Energiegewinnung und -versorgung beinhaltet in erster Linie den Einsatz erneuerbarer Energieformen, im Weiteren auch die Energiegewinnung aus KraftWärme-Kopplungs-Anlagen. Relevante Vorschriften in diesem Kontext stellen bspw. das EEG, das EEWärmeG (für beide Gesetze vgl. Abschn. 4.2) und das KWKG (vgl. Abschn. 4.3) dar. Das zweite Ziel des Umweltenergierechts besteht in der **Energieeinsparung**, „da die Reduzierung des Energienutzbedarfs alle mit der Gewinnung, dem Transport und dem Verbrauch der Energie verbundenen Umweltauswirkungen unmittelbar und medienübergreifend vermindert" (Kloepfer (2004, S. 1437)). Energieeinsparung lässt sich ordnungsrechtlich forcieren:

- durch eine Steigerung der (technischen) Energieeffizienz (vgl. Abschn. 4.4 bis 4.6),
- durch das Recht auf Energieinformationen als Teilbereich innerhalb der Umweltinformationen (vgl. Abschn. 4.4 und 4.5) und nicht zuletzt auch
- über die indirekte Verhaltenssteuerung des Steuer- und Abgabenrechts (vgl. Abschn. 4.7).

Das Umweltenergierecht in Deutschland ist hauptsächlich auf Bundesebene angesiedelt, wird auf Bundesländerebene lediglich im Hinblick auf den Vollzug untersetzt und auf kommunaler Ebene ggf. durch Satzungen in Bezug auf Nah-/Fernwärmeversorgung und auf bauliche Standards ergänzt (vgl. Abb. 4.1). Mit den Aufgaben der **Energieaufsicht** i.S.d. EnWG (Teil 7 und 8, §§ 54–108) sind zum einen die Bundesnetzagentur für Elektrizität, Gas, Telekommunikation, Post und Eisenbahnen (BNetzA, Sitz: Bonn) und zum anderen die jeweiligen Landesregulierungsbehörden betraut. Die Aufgabenverteilung zwischen beiden Institutionen ergibt sich aus § 54 EnWG. Daneben sind auch die Kartellbehörden tätig (Koenig et al. (2006, S. 183).

In den nachfolgenden Abschnitten werden aus Unternehmenssicht relevante Rechtsvorschriften aus dem Bereich des bundesweit geltenden Umweltenergierechts hinsichtlich ihrer jeweiligen Zielstellung und Kernregelungen näher vorgestellt.

4.2 Erneuerbare Energieträger in der Strom- und Wärmeerzeugung

Zur Verfolgung des Ziels der Erhöhung des Anteils der erneuerbaren Energien am Energiemix in Deutschland sind als ordnungsrechtlicher Rahmen insbesondere das Gesetz für den Vorrang Erneuerbarer Energien (EEG) und das Erneuerbare-Energien-Wärmegesetz (EEWärmeG) von Relevanz. Das EEG löste 2000 das Stromeinspeisungsgesetz ab und wurde in den Folgejahren mehrfach novelliert. Die maßgebende Vorschrift auf EU-Ebene bildet die Richtlinie zur Förderung der Nutzung von Energie aus erneuerbaren Quellen (2009/28/EG).

Ziel des **EEG** ist es, den Anteil erneuerbarer Energieformen an der Stromversorgung bis 2020 auf einen Anteil von mindestens 35 % (2030: 50 %, 2040: 65 %, 2050: 80 %) zu erhöhen (§ 1 Abs. 2 EEG). Es setzt dabei auf die Verbreitung von Anlagen zur Stromerzeugung aus sich erneuernden (regenerativen) Energiequellen, bei deren Verwendung keine Treibhausgase entstehen. Den Anlagenbetreibern werden gemäß § 2 EEG

- unverzüglicher und vorrangiger Anschluss ihrer Anlagen an bestehende Energieversorgungsnetze und
- eine vorrangige Abnahme und Übertragung des erzeugten Stroms sowie
- über einen Zeitraum von 20 Jahren feste und bundesweit einheitliche Mindestvergütungssätze für den erzeugten Strom aus regenerativen Quellen

gewährt. Die Höhe der Mindestvergütungssätze ist abhängig von der Art der genutzten regenerativen Energiequelle (Wasserkraft, Windenergie usw.) und der Anlagengröße (Teil 3 Abschn. 2 bzw. §§ 23–33 EEG).[2] Allerdings gilt es zu beachten, dass die Einspeisevergütung zu Beginn eines jeden Jahres prozentual sinkt (Degression nach § 20 EEG). Für besonders effiziente Verfahren gibt es zudem Bonusregelungen (z. B. Gasaufbereitungs-Bonus gemäß § 27c Abs. 2 und Anlage 1, Systemdienstleistungs-Bonus für Windenergie gemäß § 29 Abs. 2 EEG). Anlagenbetreiber haben alternativ zur Einspeisung die Möglichkeit den Strom einer Direktvermarktung (§§ 33a–33i EEG) zuzuführen. Für spezielle Situationen wird

---

[2] Nicht ganz unproblematisch ist allerdings die Tatsache, dass für die Nutzung der Wasserkraft zur Stromerzeugung im Freistaat Sachsen gemäß § 91 Abs. 6 Sächsisches Wassergesetz seit 2013 eine sog. Wasserentnahmeabgabe (Wasserpfennig) in Höhe von 15 bis zu 25 % der tatsächlichen oder fiktiven Einspeiseerlöse nach dem EEG erhoben wird. Der Subventionierung nach EEG steht eine Abgabenlast nach Wasserrecht gegenüber, die die Existenz der Wasserkraftanlagenbetreiber bedroht (http://www.wasserkraft-retten.de/).

Direktvermarktung durch Prämienlösungen ergänzt, z. B. Zahlung einer Flexibilitätsprämie für eine bedarfsorientierte Stromerzeugung aus Biogas (§ 33i EEG).

Der Stromnetzbetreiber kann die Kosten für die Entgegennahme der regenerativen Energie im Falle der Einspeisung über das EVU auf die Stromverbraucher umlegen (sog. EEG-Umlage).[3] Des Weiteren enthält das EEG Vorgaben zum bundesweiten Belastungsausgleich (§ 2 Satz 3 sowie §§ 34–39 EEG), um eine regionale Ungleichbehandlung der Verbraucher zu verhindern, ferner zu Melde- und Veröffentlichungspflichten (§§ 45–52 EEG) und zu Errichtung und Aufgaben einer Clearingstelle zur Klärung von Anwendungsfragen (§ 57 EEG).

Einen Spezialfall im EEG stellen die Härtefall- bzw. besonderen Ausgleichsregelungen für stromintensive Unternehmen und Schienenbahnen (§§ 40–44 EEG) dar. § 41 EEG besagt, dass für Unternehmen des produzierenden Gewerbes eine Begrenzung der **EEG-Umlage** möglich ist, wenn im letzten abgeschlossenen Geschäftsjahr

* der von einem EVU bezogene und selbst verbrauchte Strom an einer Abnahmestelle > 1 GWh/a betragen hat und
* das Verhältnis der von dem Unternehmen zu tragenden Stromkosten zur Bruttowertschöpfung des Unternehmens nach der Definition des Statistischen Bundesamtes, Fachserie 4, Reihe 4.3, Wiesbaden 2007, mindestens 14 % betragen hat und
* das Unternehmen anteilig EEG-Umlage gezahlt hat und
* eine Zertifizierung vorliegt, mit der der Energieverbrauch und die Potenziale zur Verminderung des Energieverbrauchs erhoben und bewertet worden sind (gilt nicht für Unternehmen mit einem Stromverbrauch weniger als 10 GWh/a).

Ein Stromverbrauch ab 1 GWh/a reduziert die EEG-Umlage für den Stromanteil zwischen 1 und 10 GWh auf 10 % (2014: 0,624 ct/kWh) bzw. für den Stromanteil zwischen 10 und 100 GWh auf 1 % der EEG-Umlage (2014: 0,0624 ct/kWh) bzw. für den Stromanteil über 100 GWh auf 0,05 ct/kWh. Die Inanspruchnahme der Härtefallregelung erfordert eine Antragstellung auf Begrenzung der EEG-Umlage beim BAFA bis 30.6. des Antragsjahres auf elektronischem Wege nach vorheriger elektronischer Selbstregistrierung. Zu den einzureichenden Unterlagen gehören neben dem Antragsformular:

---

[3] Die EEG-Umlage stellt den Differenzbetrag aus dem gesetzlich gewährten Preis für den Lieferanten und dem Marktpreis dar. Diese Mehr- bzw. Differenzkosten sind auch in der Stromrechnung des Endverbrauchers ausgewiesen. Im Jahr 2013 betrug die EEG-Umlage 5,28 ct/kWh Strom bzw. absolut ca. 19,4 Mrd. €. Die EEG-Umlage ist seit ihrer Einführung stetig gestiegen und beträgt aktuell (2014) 6,24 ct/kWh.

- Stromlieferungsverträge und Stromrechnungen,
- Wirtschaftsprüfer-Bescheinigung (Nachweis, dass die EEG-Umlage anteilig an das EVU gezahlt wurde),
- Nachweis der Zertifizierungsstelle,
- ausführlicher Nachweis der internationalen Wettbewerbsfähigkeit (z. B. belegt durch aktuelle Studien, Publikationen zu aktuellen Marktpreisen der Güter, weltweiter Handel der Rohstoffe an Börsen, Angebotsüberhang oder geringe Wachstumsraten innerhalb der Branche auf dem internationalen Markt).

An die Antragstellung ist die Zahlung einer Gebühr (gemäß BAGebV) gebunden in Höhe von 65 €/GWh, für die eine Begrenzung beantragt wird. Die Entscheidung wird zum 1.1. des Folgejahres mit einer Geltungsdauer von einem Jahr wirksam. Die Zustellung der Entscheidung erfolgt Ende Dezember des Antragsjahres. Während in 2013 1.720 Unternehmen ca. vier Mrd. € Vergünstigungen bekamen, sind es in 2014 bereits knapp 2.100 Unternehmen mit 5,1 Mrd. € (SZ (Hrsg.) (2014, S. 19)).

Diese besondere Entlastungswirkung des EEG für Unternehmen war der Grund für die Einleitung eines Beihilfeverfahrens[4] durch die EU-Kommission gegen Deutschland im Dezember 2013. Die Bundesregierung hält an der Ausnahmeregelung für energieintensive Unternehmen jedoch weiterhin fest; ein möglicher Kompromiss sieht eine Begrenzung auf 65 Industriebranchen und damit ca. 1600 Unternehmen vor. Ferner sollen die Zertifizierungsvoraussetzungen in der Form ausgeweitet werden, dass antragstellende Unternehmen bereits ab 1 GWh Stromverbrauch ein zertifiziertes Managementsystem nach EMAS oder ISO 50001 vorzuweisen haben. Daneben sollen die Befreiungen der Schienenbahnen und des Solarstrom-Eigenverbrauchs von der EEG-Umlage eingegrenzt werden,[5] um einen weiteren Anstieg der EEG-Umlage abzudämpfen. Neben diesen Anpassungen in den besonderen Ausgleichsregelungen sehen die aktuellen Novellierungsbestrebungen am EEG ferner vor:

---

[4] Es handelt sich dabei um ein Prüfverfahren bezüglich der Privilegien für die Industrie. Geprüft wird, ob die Subventionierung der Industrie eine Wettbewerbsverzerrung darstellt. Die Bundesregierung hatte formal Klage gegen das Verfahren eingereicht.

[5] Zurzeit zahlen Schienenunternehmen nur für 10% ihres Stromverbrauchs die volle EEG-Umlage, für die restlichen 90% ist dagegen nur ein Betrag von 0,05 ct/kWh zu zahlen. Der aktuelle Vorschlag sieht vor, dass bis 2 GWh die volle EEG-Umlage und für den darüber hinausgehenden Stromverbrauch ein reduzierter Satz von 20% der regulären EEG-Umlage gelten soll.

- eine Deckelung der Stromerzeugung aus Biomasse- und aus Windenergie-Anlagen an Land,
- eine Begrenzung der Biomasse-Verstromung in Neuanlagen auf Alt- und Reststoffe,
- die Streichung des Grünstromprivilegs, die bis dato eine direkte Belieferung von Endkunden aus EEG-vergütungsfähigen Anlagen ermöglicht,
- die Einführung der Option einer Ausschreibung für den Bau von EEG-Anlagen als Alternative zur (festen) Einspeisevergütung und Direktvermarktung.

Das EEG wird darüber hinaus durch folgende Verordnungen ergänzt:

- Biomasseverordnung (2001) und Biomassestrom-Nachhaltigkeitsverordnung (2009),
- Ausgleichsmechanismus-Verordnung (2009) und Ausgleichsmechanismus-Ausführungsverordnung (2010),
- Verordnung zu Systemdienstleistungen durch Windenergieanlagen (2009),
- Herkunftsnachweisverordnung (2011) sowie dazugehörige Durchführungsverordnung (2012) und Gebührenverordnung (2012),
- Managementprämienverordnung für Strom aus Windenergie und solarer Strahlungsenergie (2012)

Beispielsweise regelt die **Biomasseverordnung** (BiomasseV) speziell die Energieerzeugung aus nachwachsenden Rohstoffen (gemäß § 2 BiomasseV sind dies Energieträger aus Phyto-und Zoomasse, z. B. Holz, Pflanzenabfälle). Neben wichtigen Begriffsbestimmungen und einem Negativkatalog (§ 3 BiomasseV) enthält die Verordnung Vorschriften zu den technischen Verfahren (§ 4 BiomasseV) und Umweltanforderungen bei der Stromerzeugung aus Biomasse (§ 5 BiomasseV). Seit 2009 legt zudem die Biomassestrom-Nachhaltigkeitsverordnung (BioSt-NachV) Anforderungen zur nachhaltigen Herstellung und Verwendung von flüssiger Biomasse zur Strom- und Wärmeerzeugung fest.

Während das EEG und die dazugehörigen Verordnungen sich nur auf die Stromerzeugung beziehen, sieht das im Jahr 2009 in Kraft getretene **EEWärmeG** eine Pflicht zur anteiligen Nutzung erneuerbarer Energieträger bei der Wärmeerzeugung neu errichteter Gebäude vor. Demnach sollen spätestens im Jahr 2020 14 % des Endenergieverbrauchs für Wärme in Deutschland aus erneuerbarer Energie stammen (§ 1 EEWärmeG). Die Pflicht gilt für Wohn- und Nichtwohngebäude „mit einer Nutzfläche von mehr als 50 Quadratmetern, die unter Einsatz von Energie beheizt oder gekühlt werden" (§ 4 EEWärmeG). Eckpunkte des EEWärmeG sind:

- Nutzungspflicht (Teil 2 EEWärmeG): Eigentümer von Gebäuden, die neu gebaut werden[6], müssen erneuerbare Energie anteilig[7] für ihre Wärme-/Kälteversorgung nutzen. Diese Pflicht trifft alle Eigentümer, egal ob Privatpersonen, Staat oder Wirtschaft. Genutzt werden können alle Formen von erneuerbarer Energie, auch in Kombination. Wer keine erneuerbare Energie einsetzen will, kann andere, das Klima schonende Maßnahmen ergreifen, z. B. Wärmedämmung, Abwärmenutzung, Bezug von Wärme aus Nah-/Fernwärmeversorgungsnetzen oder aus der Kraft-Wärme-Kopplung.
- Finanzielle Förderung (Teil 3 EEWärmeG): Die Nutzung ausgewählter erneuerbarer Energieträger wird durch den Bund finanziell gefördert, wenn die Maßnahmen über den Pflichtanteil nach § 5 EEWärmeG bzw. nach den ggf. gefassten Bundesländervorschriften hinausgehen. Das bestehende Marktanreizprogramm (MAP), ein Förderinstrument der Bundesregierung, wird auf bis zu 500 Mio. € pro Jahr aufgestockt.
- Wärmeversorgungsnetze: Das EEWärmeG erleichtert den Ausbau öffentlicher Nah- und Fernwärmeversorgungsnetze. Es legt in § 16 fest, dass Kommunen auch im Interesse des Klima- und Ressourcenschutzes den Anschluss und die Nutzung eines solchen Netzes vorschreiben können (Anschluss- und Benutzungszwang).

4.3 Effiziente Energieumwandlung durch Kraft-Wärme-Kopplung

Mittels Kraft-Wärme-Kopplungsanlagen, d. h. Kraftwerke (z. B. Blockheizkraftwerke), die gleichzeitig Strom und Wärme erzeugen, kann eine erhebliche Einsparung an Brennstoffen und damit zugleich eine Reduzierung an Emissionen erreicht werden. Der Vorteil liegt in einem höheren Wirkungsgrad dieser Anlagen (bis zu 90 %) gegenüber konventionellen Energieumwandlungsanlagen. Der Zweck des Gesetzes für die Erhaltung, die Modernisierung und den Ausbau der **Kraft-Wärme-Kopplung (KWKG)** ist laut § 1 „einen Beitrag zur Erhöhung der Stromerzeugung aus Kraft-Wärme-Kopplung in der Bundesrepublik Deutschland auf 25 %

---

[6] Für bereits errichtete Gebäude (Altbauten) werden die Bundesländer in § 3 Abs. 2 EEWärmeG ermächtigt, eine Pflicht zur Nutzung der erneuerbaren Energie festzulegen. Dieser Ermächtigung kommt bspw. das „Gesetz zur Nutzung erneuerbarer Wärmeenergie in Baden-Württemberg" nach.

[7] Die Höhe des Anteils hängt von der Art der verwendeten erneuerbaren Energie ab, bspw. bei Nutzung von solarer Strahlungsenergie muss der Wärme- und Kälteenergiebedarf des Gebäudes zu mindestens 15 % hieraus gedeckt werden (§ 5 EEWärmeG).

bis zum Jahr 2020 durch die Förderung der Modernisierung und des Neubaus von Kraft-Wärme-Kopplungsanlagen (KWK-Anlagen), die Unterstützung der Markteinführung der Brennstoffzelle und die Förderung des Neu- und Ausbaus von Wärme- und Kältenetzen sowie des Neu- und Ausbaus von Wärme- und Kältespeichern, in die Wärme oder Kälte aus KWK-Anlagen eingespeist wird, zu leisten". Der wesentliche Regelungsgegenstand des KWKG besteht in der Förderung der KWK mittels Festlegung

- einer Anschluss- und Abnahmepflicht für Netzbetreiber und Energieversorgungsunternehmen sowie
- von festen Vergütungszuschlägen (auf den vertraglich zwischen Anlagen- und Netzbetreiber vereinbarten Preis)

für Strom aus KWK-Anlagen (§ 4 KWKG). Die Höhe und Dauer der leistungsgestaffelten Zuschlagszahlungen sind in §§ 7, 7a und 7b KWKG geregelt. Besonders hohe Zuschläge zur Vergütung werden dabei kleinen KWK-Anlagen (Leistung <2 MW) gewährt. Ähnlich wie beim EEG ist eine „Abwälzung" bzw. Umlage der Kosten (sog. KWKG-Umlage) auf den Letztverbraucher erlaubt (§ 9 KWKG), wobei besonders stromintensiven Unternehmen eine Belastungsobergrenze durch Deckelung gewährt wird. Für das Jahr 2014 ist die nächste Zwischenüberprüfung zur Entwicklung der KWK-Stromerzeugung in Deutschland und damit zur Wirksamkeit des KWKG angesetzt (§ 12 KWKG).

4.4 Energieeinsparung im Gebäudebereich

Der Gebäudesektor in Deutschland mit einem Anteil von ca. 40 % am Gesamtenergieverbrauch und einem Anteil von ca. einem Drittel an den Gesamt-CO_2-Emissionen besitzt ein beachtliches Einsparpotenzial (BMWi/BMU (Hrsg.) (2011, S. 22)). Ziele des rechtlichen Ordnungsrahmens im Gebäudebereich sind,

- im Gebäudebestand zur Energieeinsparung zu mobilisieren und
- beim Neubau von Gebäuden eine möglichst sparsame Energiebilanz zu erreichen.

Zielgruppe des **gebäudebezogenen Umweltenergierechts** sind die im Bau- und Anlagentechniksektor tätigen Unternehmen, EVU sowie die Gebäudeeigentümer/Bauherrn. Ansatzpunkte zur Energieeinsparung im Gebäudebereich sind auch im EnWG zu finden: §§ 21c, 21d EnWG verlangen von Mess-Stellenbetreibern im Falle von

- neu an ein Energieversorgungsnetz angeschlossene bzw. stark renovierte Gebäude,
- Letztverbrauchern mit einem Jahresverbrauch >6.000 kWh sowie
- Anlagenbetreibern nach dem EEG oder KWKG bei Neuanlagen mit einer installierten Leistung von mehr als 7 kW

den Einbau moderner Stromzähler. Eine digitale Datenübertragung gewährt dem Verbraucher zeitnahe Kontrollmöglichkeiten über seinen tatsächlichen Energieverbrauch und die tatsächliche Nutzungszeit (sog. Verbrauchsanalysen) und soll auf diesem Wege zu Energieeinsparung anregen. Anreize zur Energieverbrauchssenkung sollen auch spezielle Tarife geben, die die EVU gemäß § 40 Abs. 5 EnWG anzubieten haben.

Den konkreten Rahmen für eine Energieeinsparung beim Neubau und im Baubestand von Gebäuden hinsichtlich des Einsatzes und Betriebs energiesparender Anlagentechnik und hinsichtlich energiesparenden Wärmeschutzes formuliert das **Energieeinsparungsgesetz** (EnEG). In den Geltungsbereich fallen beheizte und gekühlte Wohn-, Büro- und gewisse Betriebsgebäude. Ausnahmen weist ein Negativkatalog in § 1 Abs. 3 EnEV aus, z. B. Zelte, Gotteshäuser. Neben den Anforderungen an die Gebäudesubstanz und Anlagentechnik sowie an sog. Energieausweise (§ 5a EnEG) regelt es im Weiteren die Überwachung (§ 7 EnEG) und bildet zugleich die Ermächtigungsgrundlage für den Erlass weiterer Vorschriften (§ 5 EnEG), auf deren Basis die **Energieeinsparverordnung** (EnEV) entstanden ist. Die EnEV ihrerseits formuliert bautechnische Standardanforderungen zum effizienten Betriebsenergieeinsatz eines zu errichtenden und bestehenden Gebäudes. Wichtige Festlegungen der EnEV betreffen:

- energetische Anforderungen an Neubauten auf Grundlage des max. gebäudetypabhängigen Jahres-Primärenergiebedarfs (§§ 3–8 EnEV) und an Änderungen im Gebäudebestand (§§ 9–12 EnEV),
- Anreize für den verstärkten Einsatz erneuerbarer Energien (§ 5 EnEV),
- Ausrüstung mit und Wartungsleistungen für Klima-, Heizungs- und Belüftungsanlagen (§§ 10–15 EnEV),
- Ausstellung, Verwendung, Grundsätze und Grundlagen von Energieausweisen (§§ 16–21 EnEV).

Bei dem **Energieausweis** handelt es sich um ein Dokument zur energetischen Bewertung von Gebäuden, welches bei der Errichtung, umfangreicher Sanierung oder Erweiterung von Gebäuden auszustellen und Interessenten bei Verkauf, Neuvermietung, Verpachtung oder Leasing (z. B. Mieter, Käufer einer Immobilie) auf Verlangen vorzulegen ist. Neben dem spezifischen Energiekennwert in kWh je m² und Jahr sind im Energieausweis auch Vorschläge für die Verbesserung der Energieeffizienz des Gebäudes (kostengünstige Modernisierungsempfehlungen für Bestandsgebäude) anzuführen. Energieausweise können entweder auf Basis des berechneten Energiebedarfs (Energiebedarfsausweis, Ermittlung durch einen Experten nach Vor-Ort-Begehung) oder des gemessenen Energieverbrauchs (Energieverbrauchsausweis, Ermittlung anhand der Verbrauchsdaten aus Abrechnungen von Heizkosten aus einem zusammenhängenden Zeitraum von drei Jahren gemäß Heizkostenverordnung) erstellt werden. Sie sind ab ihrem Ausstellungsdatum zehn Jahre gültig (§ 17 Abs. 6 EnEV). § 21 EnEV benennt die Qualifikationsanforderungen an die Ausstellungsberechtigten für bestehende Gebäude.

Die letzte Novelle von EnEG und EnEV vom November 2013 steht im Einklang mit EU-Recht. Sie geht zurück auf die Umsetzung der Richtlinie 2010/31/EU über die Gesamtenergieeffizienz von Gebäuden und der Richtlinie 2012/27/EU zur Energieeffizienz in deutsches Recht. Die (neue) **EnEV 2014** gilt seit 1.5.2014 und hat insbesondere folgende Änderungen mit sich gebracht:

- Erweiterung des § 1 EnEV um den Zweck der Verordnung, worin Bezug auf die energiepolitischen Ziele der Bundesregierung genommen wird, insbesondere einen nahezu klimaneutralen Gebäudebestand bis zum Jahr 2050 zu erreichen;
- Erhöhung der energetischen Anforderungen für Neubauten beim Primärenergiebedarf und der Gebäudedämmung (ab 1.1.2016);
- Neuerungen bezüglich der Energieausweise:
  - Verpflichtung zum unaufgeforderten Vorlegen des Ausweises bei Verkauf etc. (§ 16 Abs. 2 EnEV);
  - Pflicht in Gebäuden von öffentlichen Einrichtungen (z. B. Behörden) und der Privatwirtschaft mit hohem Publikumsverkehr (z. B. Theater, Kino) ab einer Nutzfläche von 500 m², den Energieausweis an einer für die Öffentlichkeit gut sichtbaren Stelle auszuhängen (§ 16 Abs. 3 EnEV);
  - Einführung von Pflichtangaben in kommerziellen Immobilienanzeigen (§ 16a EnEV), d. h. eine Immobilienanzeige muss bspw. die Art des Energieausweises, den Energiekennwert und das Baujahr des Gebäudes enthalten;
  - Erweiterung um eine Einteilung der Gebäude nach Energieeffizienzklassen zwischen A+ (Passivhaus, <30 kWh/m² und Jahr) und H (unsanierte Gebäude, >250 kWh/m² und Jahr) auf Basis des ermittelten Energiekennwertes (Anlage 10 EnEV);
  - Aufteilung der Modernisierungsvorschläge in Einzelmaßnahmen und Maßnahmen im Rahmen einer größeren Sanierung des gesamten Gebäudes (§ 20 EnEV);

- Einführung der Beantragungspflicht von Registriernummern für Energieausweise durch Ausstellungsberechtigte bei der zuständigen Landesbehörde
  (§ 17 Abs. 4 und § 26c EnEV);
- Erstellung eines Inspektionsberichts durch Inspekteur inkl. Registriernummer
  i. R. der energetischen Inspektion von Klimaanlagen (§ 12 Abs. 6 EnEV);
- Ermächtigung zur behördlichen Überwachung von Energieausweisen und Inspektionsberichten über Klimaanlagen (Stichprobenkontrolle, § 26d EnEV);
- Erstellung von Erfahrungsberichten der Bundesländer aller drei Jahre, erstmals
  zum 1.3.2017 (§§ 26e, 26 f. EnEV).

4.5 Produktbezogene Energieeinsparung

Ein weiteres enormes Energieeinsparpotenzial geht von energiebetriebenen Produkten (z. B. PC, Fernsehgeräte, Wäschetrockner) aus. Diesem Potenzial kann in
folgenden zwei Hinsichten Rechnung getragen werden:

- Begrenzung der Energieverbrauchswerte der Produkte und
- Information über die produktspezifischen Energieverbrauchswerte zur Steuerung des Energiekonsums der Verbraucher.

Die wichtigsten Rechtsvorschriften im Bereich der produktbezogenen Energieeinsparung sind das Energieverbrauchskennzeichnungsgesetz (EnVKG) und die auf
deren Basis erlassene Energieverbrauchskennzeichnungsverordnung (EnVKV)
sowie das Gesetz über die umweltgerechte Gestaltung energieverbrauchsrelevanter Produkte (Energieverbrauchsrelevante-Produkte-Gesetz, EVPG). Betroffen
von den Regelungen des **produktorientierten Umweltenergierechts** sind Wirtschaftsakteure auf allen Stufen der Wertschöpfungskette, d. h. von den produzierenden Unternehmen (insbesondere der Elektronikindustrie) bis zum Einzelhandel; Begünstigte sind die Endkunden bzw. Käufer der Produkte.

Das zuletzt auf Basis der Ökodesign-Richtlinie (2009/125/EG) novellierte
EVPG verpflichtet die Produzenten energiebetriebener und -verbrauchsrelevanter
Produkte zur umweltgerechten Produktgestaltung. Dadurch soll der Energieverbrauch gesenkt, der Materialaufwand vermindert, die Belastung mit Schadstoffen
reduziert und zugleich ein Beitrag zur Sicherheit der Energieversorgung geleistet
werden. Seit 2009 werden für die unterschiedlichsten Produktgruppen spezifische
Durchführungsmaßnahmen erarbeitet, die durch Erlass in Form von EU-Verordnungen spezielle Forderungen (z. B. Effizienzgrenzen, Dokumentationspflichten)
an die Produktgestalter formulieren. Das EVPG regelt Anforderungen an das Inverkehrbringen und die Inbetriebnahme derartiger Produkte (unter Bezugnahme

auf die produktgruppenspezifischen EU-Verordnungen, § 4 EVPG) sowie Pflichten der Hersteller (§§ 4–6 EVPG) und die Übertragung der Vollzugszuständigkeit auf nationaler Ebene auf die Bundesanstalt für Materialforschung und -prüfung (§§ 10, 12 EVPG). Zu den produktgruppenspezifischen EU-Verordnungen gehören bspw.:

- Verordnung (EU) Nr. 666/2013 zur Festlegung von Anforderungen an die umweltgerechte Gestaltung von Staubsaugern, d. h. zeitlich gestaffelte Anforderungen an den max. jährlichen Energieverbrauch (ab 1.9.14:<62 kWh/a, ab 1.9.17:<43 kWh/a), die max. Nennleistungsaufnahme (ab 1.9.14:<1.600 W, ab 1.9.17:<900 W), die min. Staubaufnahme, die max. Staubemission, den max. Schallleistungspegel, die min. Motorlebensdauer sowie Informationspflichten (bezüglich der Inhalte technischer Dokumentationen, Gebrauchsanleitungen, Webseiten der Hersteller);
- Verordnung (EU) Nr. 932/2012 zur Festlegung von Anforderungen an die umweltgerechte Gestaltung von Haushaltswäschetrocknern, speziell Definition und Anforderungen an ein „Standard-Baumwollprogramm" (Energieeffizienzindex ab 1.11.13:<85 bzw. ab 1.11.15:<76; Kondensationseffizienz ab 1.11.13:>60 bzw. ab 1.11.15:>70) sowie an zwingende Informationen in der Bedienungsanleitung (z. B. ungefähre Angabe der Programmdauer und des Energieverbrauchs der Haupttrocknungsprogramme);
- Verordnung (EG) Nr. 244/2009 zur Festlegung von Anforderungen an die umweltgerechte Gestaltung von Haushaltslampen mit ungebündeltem Licht, die durch stufenweise Erhöhung der Effizienzanforderungen bis 2016 indirekt zum Verbot herkömmlicher Glühlampen bestimmter Leistung führt. Des Weiteren legt sie einheitliche Mindestanforderungen an die Funktionalität von Haushaltslampen und deren Kennzeichnung fest.

Mittels EnVKG wird die Rahmenrichtlinie über die Angabe des Verbrauchs an Energie und anderen Ressourcen (2010/30/EG) im deutschen Recht vollzogen. Bestimmte energieverbrauchsrelevante Produkte, Kraftfahrzeuge und Reifen müssen im Handel demnach Energieverbrauchsetiketten tragen. Je nach Produkttyp sind weitere Zusatzinformationen vorgeschrieben. Die Details für energieverbrauchsrelevante Produkte regelt die **EnVKV**. Sie verpflichtet die Produzenten bereits seit 1997 zur Kennzeichnung von verschiedenen energieverbrauchsrelevanten Produkten gemäß Anlagen 1 und 2 EnVKV, d. h. Elektrohaushaltsgeräte (z. B. Haushaltskühlgeräte, -waschmaschinen) und ähnliche Produktgruppen (z. B. mit Netzspannung betriebene Haushaltslampen), mit Angaben zum Verbrauch an Energie und anderen wichtigen Ressourcen. Dies erfordert von den Herstellern eine Zuordnung des Gerätes zu gestaffelten Effizienzklassen A (niedriger Verbrauch) bis G (hoher Verbrauch). Inzwischen sind, der steigenden Effizienz der Geräte Rechnung tragend, auch die Effizienzklassen A+, A++ und A+++ etabliert worden. Dem Endverbraucher liefert die Kennzeichnung Anhaltspunkte für einen Vergleich der Verbrauchswerte von Elektronikgeräten einer Gruppe innerhalb der mehrjährigen Nutzungszeit und damit eine nachhaltige Entscheidungsgrundlage am Verkaufsort, um so einen Beitrag zur Energieeinsparung und damit zum Umwelt- und Klimaschutz zu leisten.

Ein analoges Prinzip verfolgt die PKW-Energieverbrauchskennzeichnungsverordnung (PKW-EnVKV): Ein standardisiertes Energielabel mit PKW-typischen Zusatzinformationen stellt eine schnelle und umfassende Verbraucherinformation sicher. Die Kraftstoffeffizienz von Reifen – gekennzeichnet durch den Rollwiderstand – regelt die Verordnung 1222/2009/EG.

4.6 Steigerung der Energieeffizienz mittels Energiedienstleistungen

Im November 2010 trat das Gesetz über Energiedienstleistungen und andere Energieeffizienzmaßnahmen (**Energiedienstleistungsgesetz**, EDL-G) in Kraft. Es entspricht der nationalen Umsetzung der Richtlinie 2006/32/EG über Endenergieeffizienz und Energiedienstleistungen, welche im Jahr 2012 durch die Richtlinie zur Energieeffizienz (2012/27/EU) aufgehoben wurde, die zuletzt durch die Richtlinie 2013/12/EU geändert wurde. Unter einer **Energiedienstleistung** versteht § 2 Nr. 6 EDL-G eine „Tätigkeit, die auf der Grundlage eines Vertrags erbracht wird und in der Regel zu überprüfbaren und mess- oder schätzbaren Energieeffizienzverbesserungen oder Primärenergieeinsparungen sowie zu einem physikalischen Nutzeffekt, einem Nutzwert oder zu Vorteilen als Ergebnis der Kombination von Energie mit energieeffizienter Technologie oder mit Maßnahmen wie beispielsweise Betriebs-, Instandhaltungs- und Kontrollaktivitäten führt".

Das EDL-G richtet sich an Anbieter von Energieeffizienzmaßnahmen, an Energieunternehmen (Netzbetreiber, EVU usw.) und an Endkunden inkl. öffentlicher Hand (§ 1 EDL-G). Im Fokus stehen die Erreichung eines nationalen Energieeinsparziels und die Stärkung des Marktes für Energiedienstleistungen (§ 3 EDL-G).

In § 3 Abs. 3 EDL-G ist explizit die öffentliche Hand angehalten, mit gutem Beispiel voranzugehen. § 4 EDL-G verlangt von den Energielieferanten, ihre Endkunden mindestens jährlich umfassend über die Wirksamkeit von Energieeffizienzmaßnahmen sowie über Energiedienstleistungsangebote zu informieren bzw. zu beraten. Es werden aber keine individualisierten sondern standardisierte Informationswege vorgegeben. § 5 EDL-G verpflichtet die Energielieferanten in Regionen mit einem unzureichenden Angebot an Energiedienstleistungen zum Ausbau ihres Angebotes auf eigene Kosten. Ferner sieht § 9 EDL-G die Schaffung einer Bundesstelle für Energieeffizienz (BfEE) vor, die am BAFA angesiedelt wird. Zu ihren Aufgaben gehören die Erfüllung von Verwaltungsaufgaben auf dem Gebiet der Energieeffizienz, wie auch eine umfassende Informationsbereitstellung über die Maßnahmen zur Steigerung der Energieeffizienz (§ 6 EDL-G). Außerdem hat die Bundesstelle eine Liste von Anbietern von Energiedienstleistungen zu führen (§ 7 EDL-G) und auf eine ausreichende Zahl von Anbietern wirksamer, hochwertiger Energieaudits hinzuwirken (§ 8 EDL-G). Zur Erfüllung ihrer Aufgaben wird die Bundesstelle zur Einholung von Endkundendaten bei den Energielieferanten ermächtigt (§ 11 EDL-G).

4.7 Indirekte Anreize zur Energieeinsparung im Umweltsteuerrecht

Das Energiesteuergesetz (EnergieStG) und das Stromsteuergesetz (StromStG) bilden die rechtliche Grundlage für die Erhebung von Umweltsteuern auf Basis **fester Steuersätze** in Abhängigkeit vom Energieträger. So beträgt bspw. die Stromsteuer 20,50 € je MWh (§ 3 StromStG). Die Lenkungswirkung besteht im direkten Zusammenhang zwischen Verbrauch und Kosten: Je höher der absolute Energieverbrauch ist, umso höher fällt auch die absolute Steuerbelastung aus. Es gibt jedoch Ausnahmen: Für einzelne energieintensive Sektoren (z. B. Land- und Forstwirtschaft, Öffentlicher Personennahverkehr) sind Möglichkeiten der Steuerentlastung gesetzlich verankert (§§ 9a, 9b, 10 StromStG, §§ 45–60 EnergieStG). Bspw. für Unternehmen des Produzierenden Gewerbes werden folgende zwei **Formen der Steuerentlastung** unterschieden:

- allgemeine Entlastung um 25 % (§ 9b StromStG) und
- Entlastung um bis zu 90 % (sog. Spitzenausgleich) (§ 10 StromStG).

An die Gewährung des Spitzenausgleichs für Unternehmen werden folgende Bedingungen geknüpft:

- Es muss ein jährlicher Mindeststeuerbetrag überschritten werden (gemäß § 10 StromStG: 1.000 €).
- Es bedarf eines formgebundenen Antrags durch den betrieblichen Energieverbraucher.
- Der Antragsteller muss entweder über ein zertifiziertes Energiemanagementsystem (nach DIN EN ISO 50001), über ein validiertes Umweltmanagementsystem (nach EMAS) oder ein alternatives System verfügen.

- Der Spitzenausgleich wird nur gewährt, wenn die ab dem Jahr 2015 geltenden, gesetzlich fixierten jährlichen Zielwerte für die Reduzierung der Energieintensität in Deutschland erreicht werden (gemäß der jeweiligen Anlage zum StromStG und zum EnergieStG, die bspw. für das Antragsjahr 2015 eine Reduzierung der Energieintensität um 1,3 % bezogen auf das Jahr 2013 vorsieht).

Ergänzend dazu regelt seit August 2013 die sog. Spitzenausgleich-Effizienzsystemverordnung (SpaEfV) die Bedingungen, die an die Nachweisführung zur Einführung eines Energiemanagement-, Umweltmanagement- oder eines alternativen Systems zur Verbesserung der Energieeffizienz gestellt werden. Da für KMU die Einführung und Zertifizierung des Managementsystems unverhältnismäßig teuer werden kann, können diese Unternehmen gleichwertige alternative Systeme einsetzen, wobei es sich ab dem Jahr 2015 um ein Energieaudit handeln muss, das den Anforderungen der DIN EN 16247-1 entspricht.

Zusammenfassend ist festzuhalten, dass für elektrische und thermische Energie vielseitiger Bedarf und eine stetige Nachfrage auf hohem Niveau besteht. Maßnahmen zur Energieeinsparung bzw. zur Steigerung der Energieeffizienz und der Einsatz erneuerbarer Energieträger in den Phasen der Gestaltung, Herstellung und Nutzung von Produkten oder auch bei der Errichtung und Nutzung von Gebäuden können zu einer erheblichen Ressourcenschonung und Umweltentlastung beitragen. Rechtsvorschriften wie die europäische Verordnung 666/2013 oder die deutsche EnEV formulieren konkrete technische Anforderungen – an die Gestaltung von Staubsaugern bzw. von Gebäuden und an Anlagen und Einrichtungen in Gebäuden. Rechtsvorschriften wie das EEG eröffnen dagegen über marktwirtschaftliche Mechanismen ökonomische Ansatzpunkte zur Verhaltenslenkung. Das Umweltenergierecht stellt alles in allem ein vielseitiges, gleichsam noch sehr junges und modernes Rechts(teil)gebiet mit ausgeprägtem Querschnittscharakter dar. Es konzentriert sich im Kern auf europäische und bundesweit geltende Vorschriften. Es hat seinen Schwerpunkt im öffentlichen Recht und ist vor allem technisch sowie auf Zahlen und Maßnahmen orientiert. Es hat ferner eine sehr hohe Dynamik und unterliegt der Tendenz der zunehmenden Verdichtung (d. h. der Schließung von Regelungslücken). Nicht zuletzt ist dem Umweltenergierecht ein hoher Einfluss auf die wirtschaftlichen Abläufe zuzuschreiben im Sinne von:

- erforderlichen Anpassungen in den betrieblichen Abläufen und Strukturen (negativer Einflussfaktor) und/oder
- wirtschaftlichen Impulsen (Innovationen) und Effizienzgewinn (positiver Einflussfaktor).

Beurteilung der Wirksamkeit des bisherigen Klimaschutz-Engagements 5

Wie aus den vorangegangenen Kapiteln deutlich wurde, hat sich Deutschland ambitionierte Ziele im Klimaschutz gesetzt, die es durch ordnungsrechtliche Fixierung spezieller Instrumente und Verfahrensweisen zu erreichen versucht. Im 5. Kapitel werden ausgewählte Kennwerte zum Klimaschutz in Deutschland, im Speziellen:

- der Anteil der erneuerbaren Energien an der Energiebereitstellung,
- der Anteil des KWK-Stroms und
- die jährlichen CO_2- bzw. Treibhausgasemissionen

in der Entwicklung der vergangenen Jahre betrachtet, um auf dieser Basis eine Abschätzung der Zielerreichung zum aktuellen Zeitpunkt vornehmen zu können.

5.1 Entwicklung der erneuerbaren Energien

Einen zentralen Indikator für die Bewertung der Umweltfreundlichkeit der Energieerzeugung bildet der Anteil der erneuerbaren Energien. Im Jahr 2012 lag der Anteil der erneuerbaren Energien am Bruttostromverbrauch bei 23,5 % (vgl. Abb. 5.1). Damit bilden die erneuerbaren Energien nach der Braunkohle inzwischen den zweitgrößten Primärenergieträger für die Stromerzeugung in Deutschland. Ferner ist festzustellen, dass der Anteil der erneuerbaren Energien an der gesamten Bruttostrombereitstellung in Deutschland seit Inkrafttreten des EEG (Jahr 2000) nicht nur kontinuierlich gestiegen ist, sondern sich innerhalb von 12 Jahren sogar ver-

© Springer Fachmedien Wiesbaden 2015
P. Sommer, *Klimaschutzrecht im betrieblichen Fokus*, essentials,
DOI 10.1007/978-3-658-07952-9_5

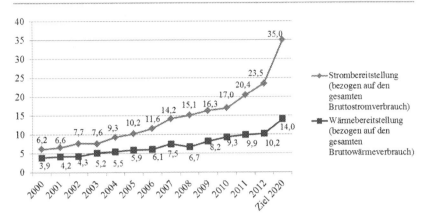

Abb. 5.1 Anteil der erneuerbaren Energien an der Gesamtstrom- bzw. Gesamtwärmebereitstellung (Deutschland, 2000–2012 sowie Zielwert). (Quelle: Eigene Darstellung in Anlehnung an BMU (2013, S. 13))

vierfacht hat. Das EEG konnte die gewünschte Wirkung bislang gut entfalten und hält Deutschland auf Zielkurs von 35 % im Jahr 2020.

Bei der Wärmebereitstellung hat sich der Anteil der erneuerbaren Energien im gleichen Zeitraum dagegen gerade einmal etwas mehr als verdoppelt, d. h. der Anteil ist innerhalb von 12 Jahren um 6 % gestiegen (vgl. Abb. 5.1). In den ersten drei Jahren nach Inkrafttreten des EEWärmeG (Jahr 2009) ist immerhin ein Anstieg von 2 % zu verzeichnen. Setzt man für die nächsten acht Jahre ähnliche Steigerungsraten an, erscheint der Zielwert von 14 % im Jahr 2020 durchaus erreichbar.

In Bezug auf den Ausbau der erneuerbaren Energien speziell im Strombereich ist bemerkenswert, dass knapp die Hälfte der Investitionen in Erneuerbare-Energien-Anlagen durch Privatpersonen und Landwirte (zusammen 46 %) getätigt wurden (Agentur für Erneuerbare Energien (2014b)). Daneben sind Gewerbe und Projektierer mit jeweils 14 % ebenso wichtige Investoren. Alle (großen und kleinen) Energieversorger zusammen sind Eigentümer von gerade einmal 12 % der bundesweit installierten Leistung zur Stromerzeugung aus Erneuerbare-Energien-Anlagen. Die genannten Werte belegen, dass der Ausbau der erneuerbaren Energien bislang dezentral und sehr bürgernah erfolgt, die Energiewende demnach im Wesentlichen auf dem Engagement der Bürger und Kleinunternehmer basiert (Agentur für Erneuerbare Energien (2014a)).

Aufgrund seiner Innovativität und seines Erfolges hat das EEG eine weltweite Vorbildfunktion erlangt. So haben inzwischen über 65 Länder (insbesondere EU-Länder, aber auch China, Indien) das Fördersystem des deutschen EEG als Vorbild für eigene Rechtsvorschriften herangezogen. Die Innovativität des EEG besteht darin, dass es positive Innovationswirkungen erzeugt und die Erneuerung der Energiesysteme unterstützt (Fraunhofer ISI (2014)). Die Innovationswirkung des EEG zeigt sich bspw. an der überproportionalen Steigerung der Patentanmeldungen sowie durch Analysen von Kosten und Leistungsfähigkeit. Derartige Analysen zeigen zum Beispiel für die Windkraft, dass sinkende Kosten der Anlagen mit steigender Effizienz und Leistungsfähigkeit einhergehen.

5.2   Entwicklung des KWK-Stroms

Abbildung 5.2 verdeutlicht, dass der Anteil des KWK-Stroms an der Gesamtstromerzeugung von 2003 bis 2011 langsam, aber stetig gestiegen ist. In den kommenden neun Jahren sind 9 % Anstieg, d. h. jährlich 1 %, zu leisten, damit der Zielwert gemäß KWKG von 25 % im Jahr 2020 erreicht werden kann. Dieser Wert entspricht jedoch nicht den bisherigen durchschnittlichen jährlichen Steigerungsraten, so dass eine Zielerreichung bei der KWK nach aktueller Einschätzung eher fraglich ist.

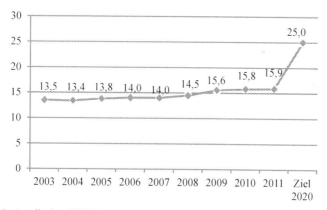

Abb. 5.2 Anteil der KWK-Nettostromerzeugung an der Gesamtnettostromerzeugung (Deutschland, 2003–2011 sowie Zielwert). (Quelle: Eigene Darstellung auf Basis der Daten vom UBA (2014a))

5.3   Entwicklung der Treibhausgas-Emissionen in Deutschland

Aus Abb. 5.3 geht hervor, dass in Deutschland bis zum Jahr 2009 eine kontinuierliche Reduzierung der Treibhausgas-Emissionen zu verzeichnen war. Speziell in 2008 und 2009 ist der Emissions-Rückgang auf die Wirtschaftskrise zurückzuführen. Allerdings ist anschließend ein leichter Anstieg des Treibhausgas-Ausstoßes festzustellen, der im Wesentlichen auf steigende CO_2-Emissionen in der Stromerzeugung und auf die Unwirksamkeit des Emissionshandels zurückzuführen ist. An dieser Stelle sei nochmals erwähnt, dass der CO_2-Ausstoß den Hauptanteil an den Gesamt-Treibhausgas-Emissionen innehat (vgl. Abschn. 2.1).

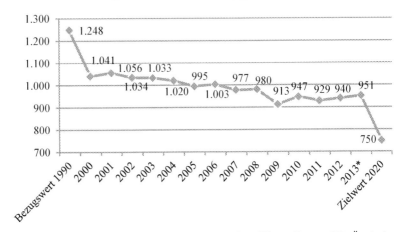

Abb. 5.3 Treibhausgas-Emissionen in Deutschland (in Millionen Tonnen CO_2-Äquivalent, 2000–2013 sowie Bezugs- und Zielwert). (Quelle: Eigene Darstellung in Anlehnung an Statista GmbH (2014)) (Anmerkung: * ... vorläufiger Wert)

Die Entwicklung des CO_2-Ausstoßes in der Stromerzeugung ist anhand des CO_2-Emissionsfaktors des Strommix, dargestellt in Abb. 5.4, erkennbar. Dieser Faktor bzw. Indikator wirkt losgelöst vom jährlichen Stromverbrauch und bringt die Klimaverträglichkeit der Stromerzeugung zum Ausdruck.[1] Mit 546 g CO_2/kWh Strom wurden im Jahr 2010 immerhin knapp 200 g/kWh oder ca. 26 % weniger CO_2 als noch im Bezugsjahr 1990 emittiert. Jedoch zeigt sich augenscheinlich ab 2011 ein ansteigender Trend, der auf eine Veränderung im Strommix zurückzuführen ist. Denn mit der Energiewende 2011 kam es im Zuge des schrittweisen Kernenergieausstiegs zur sofortigen Abschaltung von 8 Kernkraftwerken, in deren Folge der entstandene Strombedarf insbesondere durch „Kohlestrom", d. h.

---

[1] „Der Emissionsfaktor für den deutschen Strommix wird berechnet aus den direkten CO_2-Emissionen, die bei der gesamten Stromerzeugung entstehen, und den für den Endverbrauch netto zur Verfügung stehenden Strom aus der Stromerzeugung in Deutschland" (UBA (2013, S. 5)). Es gibt zwei Einflussfaktoren auf den Emissionsfaktor: a) der Strommix, d. h. die Anteile einzelner Brennstoffe an der Stromerzeugung, wobei jeder Brennstoff unterschiedliche Emissionsfaktoren besitzt (z. B. Erdgas: 202 g/kWh, Braunkohle: 404 g/kWh), und b) der durchschnittliche Wirkungsgrad konventioneller Kraftwerke (UBA (2013, S. 7–8)). d.

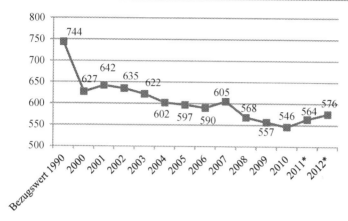

Abb. 5.4 CO_2-Emissionsfaktor des deutschen Strommix (in g/kWh, 2000-2012 sowie Bezugswert). (Quelle: Eigene Darstellung in Anlehnung an UBA (2013, S. 2)) (Anmerkung: * … vorläufiger Wert)

durch Stromerzeugung via emissionsintensiver Kohle-Kraftwerke, ersetzt wurde. Der Emissionsanstieg in 2013 gegenüber dem Vorjahr ist außerdem darauf zurückzuführen, dass witterungsbedingt mehr Öl und Gas beim Beheizen von Häusern und Wohnungen zum Einsatz kam und der Nettostromexport um 7 % stieg (UBA (2014b). Aktuell liegt die Minderung demnach nur (noch) bei 23,8 %. Wenn das bundesdeutsche Ziel mit einer Reduktion der CO_2-Emissionen um 40 % bis 2020 geschafft werden soll, müsste sich der Ausstoß in den verbleibenden sieben Jahren ab sofort jährlich um ca. 2,8 % reduzieren. Eine derartige Reduzierung wird von Experten derzeit jedoch als nicht realistisch eingeschätzt. Will die Bundesregierung an der Zielerreichung weiterhin festhalten, muss sie alsbald mit neuen bzw. strengeren Maßnahmen/Vorgaben nachsteuern.

Zusammenfassung und Ausblick 6

Das in Deutschland geltende **Klimaschutzrecht**, d. h. die Gesamtheit der Rechtsquellen zum Schutz des Klimas, ist ursprünglich international gewachsen und daher zunächst in die bestehenden Fach- und Rechtsgebiete speziell des Umwelt- und Energierechts integriert worden. Doch nicht zuletzt aufgrund der steigenden Regelungsdichte kristallisiert sich das Klimaschutzrecht in jüngster Zeit als ein „neues" bzw. eigenständiges und zugleich sehr modernes Rechtsgebiet heraus, das sehr umfangreiche und vielfältige Schnittstellen zu den klassischen Rechtsgebieten aufweist. Dies spiegelt sich in folgender Weise wieder:

Das **Immissionsschutzrecht** wird durch Regelungen zum anlagenbezogenen Immissionsschutz dominiert. Errichtung und Betrieb sowie wesentliche Änderungen bestimmter Anlagen bedürfen einer immissionsschutzrechtlichen Genehmigung. Diese Anlagen unterliegen strengen Anforderungen zur Vorbeugung gegen Belastungen der Luft. Seit einigen Jahren nehmen Regelungen zum klimaschutzbezogenen Immissionsschutz eine verstärkte Rolle innerhalb des Immissionsschutzrechts ein. Zur Begrenzung speziell der Treibhausgas-Emissionen existiert für ausgewählte Branchen ein EU-weiter Handel mit Emissionszertifikaten. Weiterhin setzen Vorschriften auf die Abscheidung und unterirdische Verpressung von Kohlendioxid (CCS-Technologie). Nicht zuletzt wird auch speziell der Verkehrsbereich in die Verantwortung für den Klimaschutz einbezogen, insbesondere durch die Festlegung von fahrzeugflottenspezifischen Emissionsgrenzwerten für Kohlendioxid. Identifizierte Schwachstellen aus dem Vollzug der immissionsschutzrechtlichen Vorgaben sowie EU-weiter Anpassungsbedarf bilden Anlässe für permanente Anpassungen der Rechtsvorschriften zum Immissionsschutz.

© Springer Fachmedien Wiesbaden 2015
P. Sommer, *Klimaschutzrecht im betrieblichen Fokus, essentials,*
DOI 10.1007/978-3-658-07952-9_6

Ein noch sehr junges Teilgebiet des Energierechts an der Schnittstelle zum Umweltrecht bildet das **Umweltenergierecht.** Die Vorgaben des Umweltenergierechts zielen im Kern auf die Erhöhung des Anteils der erneuerbaren Energie, die Steigerung der Energieeffizienz und die verhaltensgesteuerte Einsparung/Reduzierung des Energieverbrauchs und setzen bislang im Schwerpunkt an der Energieerzeugung, am Bau und an der Anlagentechnik im Gebäudebereich und bei der umweltfreundlichen, energiesparsamen Gestaltung energiebetriebener Produkte an. Maßgebend zu nennen ist an dieser Stelle das wirkungsstarke EEG, in dessen Ergebnis sich die erneuerbaren Energien inzwischen zum zweitwichtigsten Primärenergieträger im Rahmen der Strombereitstellung entwickelt haben. In jüngster Zeit sind zahlreiche nationale Rechtsquellen im Umweltenergierecht novelliert bzw. neu erlassen worden (beispielsweise das EnEG/die EnEV), weitere Anpassungen werden in den nächsten Monaten und Jahren folgen (neben dem EEG auch neue produktgruppenbezogene EU-Verordnungen in Ergänzung zur EU-Ökodesign-Richtlinie). Die Regelungsdichte im Umweltenergierecht wird weiter stetig zunehmen.

Alles in allem lasst sich das **Klimaschutzrecht** als ein noch sehr junges und modernes Rechtsgebiet charakterisieren, das augenscheinlich von einer zunehmenden Komplexität geprägt ist. Es speist sich aus Quellen des nationalen Rechts sowie des Völker- und Europarechts mit immanenten Schnittstellen zu anderen Rechtsgebieten. Neben diesem Querschnitts-Charakter ist das Klimaschutzrecht durch eine hohe Dynamik aufgrund der gezielten Berücksichtigung neuer Erkenntnisse aus der Wissenschaft und dem Vollzug der Rechtsvorschriften gekennzeichnet. Vor dem Hintergrund der aktuell zunehmenden Kohlendioxid-Emissionen in Deutschland – und im Übrigen auch weltweit – ist auch weiterhin mit Nachbesserungen durch den Gesetzgeber zu rechnen. Das Klimaschutzrecht stellt sich ferner als noch sehr fragmentiert und inkohärent dar: Während einzelne Bundesländer (z. B. Baden-Württemberg) Landes-Klimaschutzgesetze erlassen haben, fehlt ein übergeordnetes bundesweites Klimaschutzgesetz, das die Klimaschutzziele des Bundes in konsistenter Form gesetzlich verankert.

Ohne Zweifel stellt das Klimaschutzrecht mit seinen besonderen Eigenheiten eine anspruchsvolle Materie dar. Die einzelbetriebliche Betroffenheit von klimaschutzrechtlichen Vorschriften hängt dabei von der Branchen- und Unternehmensspezifik ab. Die zweckmäßige Extraktion der zutreffenden Handlungspflichten des Klimaschutzrechts setzt eine sorgfältige Auseinandersetzung mit den einschlägigen Rechtsvorschriften voraus. Ein empfehlenswertes Hilfsmittel für Unternehmen bildet das Umweltrechtskataster, das die relevanten Vorgaben selektiert und eine gezielte betriebliche Umsetzung unterstützt. Wohlwissend um die Notwendigkeit der Beachtung des umweltrechtlichen Rahmens liegt es in der Verantwortung von Unternehmen, nicht defensiv agierend lediglich auf umweltpolitische und -rechtliche Vorgaben zu warten, sondern durch Eigeninitiative mit umweltfreundlichen Verfahren und Produkten Impulse für mehr Klima- und Umweltschutz zu liefern.

Was Sie aus diesem Essential mitnehmen können

- Grundverständnis zur Klimapolitik und zum Klimaschutzrecht auf nationaler und internationaler Ebene
- Konkrete betriebliche Handlungspflichten aus den einschlägigen Rechtsquellen des Klimaschutzrechts
- Abschätzung der Relevanz des Klimaschutzrechts bzw. einzelner Rechtsquellen für das eigene Unternehmen
- Stärken und Schwächen sowie Tendenzen in der aktuellen Politik und der Rechtssituation im Klimaschutz

© Springer Fachmedien Wiesbaden 2015
P. Sommer, *Klimaschutzrecht im betrieblichen Fokus*, essentials,
DOI 10.1007/978-3-658-07952-9

Literatur

Agentur für Erneuerbare Energien (Hrsg.). (2014a). Akteure der Energiewende. Renews Kompakt vom 29.1.2014. http://www.unendlich-viel-energie.de/media/file/284.AEE_RenewsKompakt_Buergerenergie.pdf. Zugegriffen: 28. Aug. 2014.

Agentur für Erneuerbare Energien (Hrsg.). (2014b). Eigentumsverteilung an Erneuerbaren-Energien-Anlagen 2012. http://www.unendlich-viel-energie.de/media/image/1120.AEE_Erneuerbare_Energien_in_Buergerhand_2012_apr13.jpg. Zugegriffen: 28. Aug. 2014.

Alt, F. (2014). Luftverschmutzung: Weltweit Todesursache Nummer eins. http://www.sonnenseite.com/Umwelt,Luftverschmutzung-+Weltweit+Todesursache+Nummer+eins,16,a28169.html. Zugegriffen: 28. Aug. 2014.

BMBF (Hrsg.). (2012). „Das Ozonloch schließt sich. Das ist eine Folge des FCKW-Verbots. Und zeigt: Umweltschutz lohnt sich!". Interview mit Professor Dr. Martin Dameris vom Institut für Physik der Atmosphäre (DLR, Oberpfaffenhofen) vom 8.11.2012. http://www.bmbf.de/archiv/newsletter/de/20301.php. Zugegriffen: 29. Aug. 2014.

BMU (Hrsg.). (2009, März). Dem Klimawandel begegnen. Die Deutsche Anpassungsstrategie. http://www.umweltbundesamt.de/sites/default/files/medien/515/dokumente/broschuere_dem_klimawandel_begegnen_bf.pdf. Zugegriffen: 28. Aug. 2014.

BMU (Hrsg.). (2013, Juli). Erneuerbare Energien in Zahlen. http://www.bmub.bund.de/fileadmin/Daten_BMU/Pools/Broschueren/ee_in_zahlen_bf.pdf. Zugegriffen: 24. Feb. 2014.

BMUB (Hrsg.). (2014). Klimaschutzpolitik in Deutschland. http://www.bmub.bund.de/themen/klima-energie/klimaschutz/nationale-klimapolitik/. Zugegriffen: 24. Feb. 2014.

BMWi/BMU (Hrsg.). (2011). Energiekonzept für eine umweltschonende, zuverlässige und bezahlbare Energieversorgung. http://www.bmu.de/files/pdfs/allgemein/application/pdf/energiekonzept_bundesregierung.pdf. Zugegriffen: 22. Feb. 2014.

Bundeszentrale für politische Bildung (Hrsg.). (2013). Energiepolitik. http://www.bpb.de/nachschlagen/lexika/lexikon-der-wirtschaft/19203/energiepolitik. Zugegriffen: 28. Aug. 2014.

DEHSt (Hrsg.). (2014). Backloading – Auktionsplattformen veröffentlichen angepasste Versteigerungskalender. http://www.dehst.de/SharedDocs/Kurzmeldungen/DE/Auktionierung_Backloading.html. Zugegriffen: 26. Aug. 2014.

© Springer Fachmedien Wiesbaden 2015
P. Sommer, *Klimaschutzrecht im betrieblichen Fokus*, essentials,
DOI 10.1007/978-3-658-07952-9

Deutscher Städte- und Gemeindebund e. V. (Hrsg.). (2014). Energiewende und kommunaler Klimaschutz. http://www.dstgb.de/dstgb/Home/Schwerpunkte/Energiewende%20 und%20kommunaler%20Klimaschutz/. Zugegriffen: 28. Aug. 2014.

Fischer, C. (2013). *Grundlagen und Grundstrukturen eines Klimawandelanpassungsrechts.* Tübingen: Mohr Siebeck.

Fraunhofer ISI (Hrsg.). (2014). Forschungsergebnisse des Fraunhofer ISI bestätigen Innovationswirkung des Erneuerbare Energien Gesetzes. Presseinformation vom 3.3.2014. http://www.isi.fraunhofer.de/isi-de/service/presseinfos/2014/pri-04–2014-EFI.php. Zugegriffen: 28. Aug. 2014.

Freistaat Thüringen (Hrsg.). (2014). Immissionsschutz (Immissionen/Emissionen). http://www.thueringen.de/apps/zufi/leistung.aspx?key=16000185. Zugegriffen: 28. Aug. 2014.

http://www.wasserkraft-retten.de/. Zugegriffen: 28. Aug. 2014.

IPCC (Hrsg.). (2013). Kernbotschaften Fünfter Sachstandsbericht des IPCC – Teilbericht 1 (Wissenschaftliche Grundlagen). Version vom 8.10.2013. http://www.de-ipcc.de/_media/IPCC_AR5_WGI_Kernbotschaften_20131008.pdf. Zugegriffen: 4. April 2014.

IPCC (Hrsg.). (2014a). Fünfter Sachstandsbericht des IPCC – Teilbericht 2 (Folgen, Anpassung, Verwundbarkeit). Version vom 31.3.2014. http://www.de-ipcc.de/_media/Kernbotschaften_Botschaften_IPCC_WGII.pdf. Zugegriffen: 4. April 2014.

IPCC (Hrsg.). (2014b). Fünfter Sachstandsbericht des IPCC – Teilbericht 3 (Minderung des Klimawandels). Version vom 13.4.2014. http://www.de-ipcc.de/_media/140413_Botschaften_IPCC_WGIII_Web.pdf. Zugegriffen: 17. April 2014.

IW (Hrsg.). (2013). Klimawandel – Betroffenheit von Unternehmen wächst. *Umwelt-Service, 1,* 1.

Jänicke, M., Kunig, P., & Stitzel, M. (2003). *Lern- und Arbeitsbuch Umweltpolitik* (2. Aufl.). Bonn: J.H.W. Dietz Nachf. GmbH.

KBA (Hrsg.). (2014). Jahresbilanz des Fahrzeugbestandes am 1. Januar 2014. http://www. kba.de/cln_031/nn_125398/DE/Statistik/Fahrzeuge/Bestand/2014__b__jahresbilanz. html#rechts. Zugegriffen: 22. April 2014.

Klees, A. (2012). *Einführung in das Energiewirtschaftsrecht.* Frankfurt a. M.: Deutscher Fachverlag GmbH.

Kloepfer, M. (2004). *Umweltrecht* (3. Aufl.). München: C.H. Beck.

Koenig, C., Kühling, J., & Rasbach, W. (2006). *Energierecht.* Frankfurt a. M.: Recht und Wirtschaft.

Kotulla, M. (2014). *Umweltrecht – Grundstrukturen und Fälle* (6. Aufl.). Stuttgart: Boorberg.

Möller, L. (2010). Umweltpolitik der Europäischen Union. In M. Kramer (Hrsg.), *Integratives Umweltmanagement (Lehrbuch)* (S. 159–181). Wiesbaden: Gabler.

Puls, T. (2013). CO_2-Regulierung für Pkw – Fragen und Antworten zu den europäischen Grenzwerten für Fahrzeughersteller. http://www.iwkoeln.de/de/studien/gutachten/beitrag/thomas-puls-co2-regulierung-fuer-pkws-107036. Zugegriffen: 28. Aug. 2014.

Rodi, M., & Sina, S. (2011, Nov.). Das Klimaschutzrecht des Bundes – Analyse und Vorschläge zu seiner Weiterentwicklung. http://www.umweltbundesamt.de/sites/default/files/medien/461/publikationen/4166.pdf. Zugegriffen: 28. Aug. 2014.

Schieß, N. (2010). Umweltrecht am Beispiel der Verfolgung des Immissionsschutzes im Freistaat Sachsen. In M. Kramer (Hrsg.), *Integratives Umweltmanagement (Lehrbuch)* (S. 257–261). Wiesbaden: Gabler.

SMWA/SMUL (Hrsg.). (2013). Energie- und Klimaprogramm 2012. http://www.umwelt.
sachsen.de/umwelt/download/Energie-_und_Klimaprogramm_Sachsen_2012.pdf.
Zugegriffen: 26. Aug. 2014.

Sommer, P., & Delakowitz, B. (2010). Umwelt- und arbeitsschutzrechtlicher Rahmen für
Unternehmen. In M. Kramer (Hrsg.), *Integratives Umweltmanagement (Lehrbuch)*
(S. 207–255). Wiesbaden: Gabler.

Statista GmbH (Hrsg.). (2014). Höhe der Treibhausgas-Emissionen in Deutschland in den
Jahren 1990 bis 2013 (in Millionen Tonnen CO_2-Äquivalent). http://de.statista.com/
statistik/daten/studie/76558/umfrage/entwicklung-der-treibhausgas-emissionen-in-
deutschland/. Zugegriffen: 28. Aug. 2014.

SZ (Hrsg.). (2014). Über 2000 deutsche Unternehmen von Zusatzkosten für Strom entlastet.
SZ, Ausgabe vom 12. Feb. 2014, S. 19.

UBA (Hrsg.). (2013, Mai). Entwicklung der spezifischen Kohlendioxid-Emissionen des
deutschen Strommix in den Jahren 1990 bis 2012. Dessau-Roßlau. http://www.umwelt-
bundesamt.de/sites/default/files/medien/461/publikationen/climate_change_07_2013_
icha_co2emissionen_des_dt_strommixes_webfassung_barrierefrei.pdf. Zugegriffen: 28.
Aug. 2014.

UBA (Hrsg.). (2014a). Kraft-Wärme-Kopplung. http://www.umweltbundesamt.de/
sites/default/files/medien/384/bilder/dateien/6_tab_anteil-kwk-nettostromerzeu-
gung_2013-09-26_neu.pdf. Zugegriffen: 28. Aug. 2014.

UBA (Hrsg.). (2014b). Treibhausgasausstoß im Jahr 2013 erneut um 1,2 % leicht gestiegen.
http://www.umweltbundesamt.de/presse/presseinformationen/treibhausgasausstoss-im-
jahr-2013-erneut-um-12. Zugegriffen: 28. Aug. 2014.

UBA (Hrsg.). (2014c). Treibhausgas-Emissionen nach Emissionshandelssektoren.
http://www.umweltbundesamt.de/daten/klimawandel/treibhausgas-emissionen-nach.
Zugegriffen: 28. Aug. 2014.